essentials

Essentials liefern aktuelles Wissen in konzentrierter Form. Die Essenz dessen, worauf es als „State-of-the-Art" in der gegenwärtigen Fachdiskussion oder in der Praxis ankommt. Essentials informieren schnell, unkompliziert und verständlich.

- als Einführung in ein aktuelles Thema aus Ihrem Fachgebiet
- als Einstieg in ein für Sie noch unbekanntes Themenfeld
- als Einblick, um zum Thema mitreden zu können.

Die Bücher in elektronischer und gedruckter Form bringen das Expertenwissen von Springer-Fachautoren kompakt zur Darstellung. Sie sind besonders für die Nutzung als eBook auf Tablet-PCs, eBook-Readern und Smartphones geeignet.

Essentials: Wissensbausteine aus den Wirtschafts, Sozial- und Geisteswissenschaften, aus Technik und Naturwissenschaften sowie aus Medizin, Psychologie und Gesundheitsberufen. Von renommierten Autoren aller Springer-Verlagsmarken.

Werner Sauter · Christiana Scholz

Von der Personalentwicklung zur Lernbegleitung

Veränderungsprozess zur selbstorganisierten Kompetenzentwicklung

Werner Sauter
Blended Solutions GmbH
Berlin
Deutschland

Christiana Scholz
Blended Solutions GmbH
Wien
Österreich

ISSN 2197-6708   ISSN 2197-6716 (electronic)
essentials
ISBN 978-3-658-10797-0   ISBN 978-3-658-10798-7 (eBook)
DOI 10.1007/978-3-658-10798-7

Die Deutsche Nationalbibliothek verzeichnet diese Publikation in der Deutschen National biblio-
grafie; detaillierte bibliografische Daten sind im Internet über http://dnb.d-nb.de abrufbar.

Springer Gabler
© Springer Fachmedien Wiesbaden 2015

Was Sie in diesem Essential finden können

- Sie erfahren, warum die Personalentwicklung in den Betrieben eine Revolution erleben wird.
- Sie gewinnen einen Überblick über die veränderten Anforderungen an die betriebliche Bildung auf Basis des demografischen und technischen Wandels sowie der sich rasch ändernden Unternehmensumwelten.
- Sie lernen die wesentlichen Voraussetzungen, Prozesse und Instrumente eines strategieorientierten Kompetenzmanagements kennen.
- Wir vermitteln Ihnen ein effizientes Konzept für den Aufbau Ihrer Kompetenzen zum strategieorientierten Kompetenzentwickler und Lernbegleiter sowie praxiserprobte Empfehlungen für den Veränderungs- und Implementierungsprozess.

Vorwort

Personalentwicklung im Wandel

Die Anforderungen an den Bildungsbereich wurden in den vergangenen Jahren vor allem durch folgende aktuelle Entwicklungen grundlegend verändert:[1]

- Wirtschaftskrisen und ökonomische Unsicherheit
- Digitale, mobile und soziale Technologien
- Demografische Verschiebungen
- Globalisierung

Insbesondere der Megatrend der Digitalisierung verändert die Arbeitswelten, die Unternehmens- und Wissenskulturen sowie die dazugehörigen Führungsverständnisse. Die wichtigste Aufgabe des zukünftigen Human Resource Managements wird deshalb das Kompetenz- und Wissensmanagement sein.[2]

Der Bildungsbereich übernimmt immer mehr die Aufgabe, individuelles und organisationales Lernen zu ermöglichen, indem er Lernräume und Lernmöglichkeiten gestaltet. Meier und Seufert benutzen hierfür das Bild des *Lernlandschafts-architekten*.[3] Zu seinen Aufgaben gehört insbesondere

---

[1] Vgl. ASTD – American Society for Training & Development (2013).

[2] Vgl. Chachelin (2013, S. 16–19).

[3] Vgl. Meier und Seufert (2012, S. 20).

- die Mitgestaltung der Rahmenbedingungen für erfolgreiches Lernen, wie z. B. des erforderlichen Ermöglichungsrahmens einschließlich der Lerninfrastruktur,
- die Entwicklung der Rollen von Führungskräften zu Entwicklungspartnern (Coaching) und der Trainer zu Lernbegleitern[4], E-Coaches[5] oder E-Mentoren[6] sowie
- die Ermöglichung der selbstorganisierten, persönlichen Kompetenzentwicklung der Mitarbeiter[7] und Führungskräfte. Diese ist durch ein strukturiertes Vorgehen zur Beschreibung, Bewertung und zum Nachweis individueller Kompetenzen gekennzeichnet. Ziel ist es, das vorhandene Entwicklungspotenzial zu erkennen und bestmöglich zu nutzen sowie die eigenen Kompetenzen, orientiert an individuellen Kompetenzzielen, persistent zu erweitern.[8]

Deshalb ist ein Paradigmenwechsel in der betrieblichen Bildung erforderlich. Die Verantwortung, was, wann, wo und wie gelernt wird, liegt nicht mehr primär bei der Personalentwicklung oder der Führungskraft, sondern in erster Linie bei den Mitarbeitern selbst. Die Effektivität der Lernprozesse hängt deshalb ganz wesentlich von den Fähigkeiten der Lernenden ab, ihre Lernprozesse selbst zu steuern und zu organisieren. Diese, für viele neue, Kompetenz kann im Rahmen eines Veränderungsprozesses aufgebaut und etabliert werden.

Es genügt heute nicht mehr, die Mitarbeiter eine Vielzahl an Qualifikationen erwerben zu lassen. Vielmehr rückt die Befähigung, neue Herausforderungen zielgerichtet, professionell und kreativ zu bewältigen, in den Vordergrund. Die heutige Personalentwicklung darf sich daher nicht mehr ausschließlich auf den Aufbau fachlicher Qualifikationen der Belegschaft konzentrieren, sondern muss den Fokus ihrer Aktivitäten auf die Ermöglichung individueller Kompetenzentwicklung jedes einzelnen Mitarbeiters legen. Deshalb besteht die Kernaufgabe der Personalentwicklung zukünftig darin, bedarfsgerechte Ermöglichungsrahmen für die selbstorganisierte Kompetenzentwicklung aller Mitarbeiter am Arbeitsplatz und im Netz,

---

[4] Direkte und mediengestützte, aktive und/oder passive Motivation oder Beratung einzelner Lerner durch E-Coaches und E-Mentoren. Diese Unterstützung kann synchron oder zeitversetzt erfolgen.

[5] *E-Coaching* ist die mediengestützte, aktive Entwicklungspartnerschaft zwischen Lernbegleitern oder Experten mit einzelnen Lernern.

[6] *E-Mentoring* ist die mediengestützte, aktive und (oder) passive Motivation oder Beratung einzelner Lerner durch erfahrene Kollegen oder Führungskräfte.

[7] Der Inhalt der vorliegenden Publikation bezieht sich in gleichem Maße auf Frauen und Männer. Aus Gründen der besseren Lesbarkeit wird jedoch die männliche Form für alle Personenbezeichnungen gewählt. Die weibliche Form wird dabei stets mitgedacht.

[8] Vgl. North et al. (2. Aufl., 2013, S. 21).

meist als Social Workplace Learning bezeichnet, zu schaffen und laufend zu optimieren.

Es reicht dabei nicht aus, einfach Seminare in ein E-Learning-Format zu übertragen, Online-Kurse „schicker" bzw. „spannender" (z. B. mittels „Gamification"[9]) zu machen oder bestehende Blended-Learning-Systeme mit sozialen und mobilen Elementen „anzureichern". Kollaboratives Arbeiten und Lernen baut vielmehr grundlegend veränderte Denk- und Handlungsweisen aller Beteiligten auf, von den Personalentwicklern und Trainern über die Führungskräfte bis hin zu den Mitarbeitern.

Lernkonzeptionen mit zunehmender Selbstorganisation und -verantwortung der Lerner haben zur Folge, dass die heutigen Personalentwickler entweder ihre Rolle verlieren oder sie zu Managern des Human Capital, d. h. zu strategieorientierten Kompetenzmanagern, wandeln.[10] Auch die Bildungsplaner werden zunehmend an Zielen im Bereich der Wettbewerbsfähigkeit der Unternehmen gemessen werden. Dies erfordert neue Strukturen, Rollen und Kompetenzen der Planer, Entwickler, Trainer, Tutoren und Coaches in betrieblichen Lernsystemen. Insbesondere ist es notwendig, innovative Bildungsprojekte aus ihrer „Schönwetter-Ecke" zu bringen. Kompetenzorientierte Personalmanager müssen bereits bei der strategischen Planung als Partner mit einbezogen werden, damit sie die notwendige Kompetenzentwicklung zur Umsetzung der strategischen Maßnahmen rechtzeitig initiieren und ermöglichen können. Dies setzt eine entsprechende Kompetenz und ein hohes Standing im Unternehmen voraus.

Unternehmensweite Kompetenzentwicklung erfordert eine Neupositionierung des heutigen betrieblichen Bildungsmanagements, das zukünftig die Rolle eines aktiven und strategieorientierten Gestalters und Begleiters der Kompetenzentwicklungsprozesse im Unternehmen spielt.

Strategisches Kompetenzmanagement hat die Aufgabe, Kompetenzen zu beschreiben, diese transparent zu machen und allen Mitarbeitern und Führungskräften zu ermöglichen, Kompetenzen selbstorganisiert zu erwerben und laufend zielorientiert weiterzuentwickeln.[11] Diesem Verständnis zufolge ist es eine Managementdisziplin, individuellen Kompetenzaufbau im Unternehmen zu steuern. Wir benötigen deshalb eine grundlegend neu gestaltete Aus- und Weiterbildung,

---

[9] Z. B. durch belohnende Elemente aus Spielen, um die Lerner zu motivieren.

[10] Vgl. Wissensfabrik (2012, S. 38).

[11] Vgl. nach North et al. (2. Aufl., 2013, S. 22).

sowohl in den Hochschulen als auch in den Unternehmen selbst, die diesen Anforderungen gerecht wird.

Die heutige Personalentwicklung muss deshalb bereits heute traditionelle und altbewährte Wege verlassen, wenn sie nicht Gefahr laufen will, im Unternehmen keine Akzeptanz mehr zu finden und durch eigene Lösungen der Geschäftsbereiche überflüssig zu werden.

Berlin und Wien im April 2015   Werner Sauter,
Christiana Scholz

Inhaltsverzeichnis

Veränderte Anforderungen an die betriebliche Bildung

I love to learn but I hate being trained
Winston Churchill (Zitiert nach Cross (2010, S. 42.))

Eine DGFP-Studie zu Megatrends und HR-Trends[1] bringt teilweise erstaunliche Erkenntnisse. Nur in etwa jedem fünften (!) Unternehmen – eher in großen als in kleinen – beschäftigt sich der Personalbereich regelmäßig mit Megatrends. Da Megatrends einen nicht unwesentlichen Einfluss auf die langfristige Wettbewerbsfähigkeit der Unternehmen haben und neue Strukturen erfordern, verwundert dies sehr. Im Idealfall sollte doch gerade der Personalbereich Megatrends vorwegnehmen, um rechtzeitig die notwendigen Veränderungen im Mitarbeiter- und Führungsbereich zu bewirken.

Die Methoden und Instrumente für das HR-Trendmanagement sind vielfältig. Genutzt werden überwiegend Inhaltsanalysen, Befragungen, Schätzverfahren, Expertenworkshops und -interviews oder Szenariotechniken. Die Verantwortung dafür liegt in 83 % der befragten Unternehmen beim Personalleiter. Damit steht und fällt die Qualität des HR-Trendmanagements häufig mit einer Person.

Die beiden Megatrends, die sich nach Einschätzung der Befragungsteilnehmer am stärksten auf das Personalmanagement auswirken werden, sind der demografische Wandel und der Wertewandel. Daraus leiten sich folgende zentrale Aufgaben des Personalmanagements ab:

---

[1] Vgl. Deutsche Gesellschaft für Personalführung (2013).

© Springer Fachmedien Wiesbaden 2015
W. Sauter, C. Scholz, *Von der Personalentwicklung zur Lernbegleitung,*
essentials, DOI 10.1007/978-3-658-10798-7_1

- die Erhaltung und Förderung des Mitarbeiter-Engagements,
- die Bindung der strategisch wichtigen Mitarbeitergruppen an das Unternehmen,
- das Employer Branding und eine systematische Führungskräfteentwicklung.

Der demografische Wandel bedingt Lernformen, die sich an den Bedürfnissen der älteren Arbeitnehmer orientieren, gleichzeitig aber auch sicherstellen, dass ihr Erfahrungswissen den jüngeren Arbeitnehmern zugutekommt. Der Ruf nach Seminaren zum Wissens- und Ideenmanagement oder zum Gesundheitsmanagement ist hier sicher fehl am Platz. Wir wissen, dass ältere Arbeitnehmer überwiegend selbstorganisiert und relativ wenig von anderen Kollegen lernen. Andererseits nutzen gerade junge Mitarbeiter in hohem Maße das Erfahrungswissen ihrer älteren Kollegen, um ihre Kompetenzen aufzubauen. Deshalb werden wir Lernsysteme benötigen, die selbstorganisiertes Lernen ermöglichen, gleichzeitig aber den Austausch von Erfahrungswissen, z. B. in Communities of Practice[2], systematisch fördern.

Innovative Lernformen sind damit technikgetriebene Modeerscheinungen. Kompetenzorientiertes Lernen in selbstorganisierten, kollaborativen Lernszenarien mit Unterstützung von Lerntechnologien des Web 1.0 und des Web 2.0 ist vielmehr die notwendige Voraussetzung, um den unaufhaltsamen Megatrends gerecht zu werden und rechtzeitig die notwendigen Veränderungen einzuleiten.

Wir sehen den Personalbereich in der Pflicht, zukünftige Trends zu identifizieren, zu analysieren und zu bewerten und die notwendigen Konsequenzen daraus für die Personalarbeit zu ziehen sowie diese Maßnahmen auch rechtzeitig durchzusetzen. Daraus ergibt sich die strategische Rolle des zukünftigen Personalmanagements im Unternehmen zwangsläufig.

1.1 Neue Unternehmenswelt

Deutschland verändert sich wie nie zuvor.[3] Auslöser dafür sind vor allem die Eurokrise, die sich wandelnde Industriestruktur aufgrund des gestiegenen Wettbewerbs und des technologischen Fortschritts, die Energiewende sowie die demografische Entwicklung, insbesondere auch der Fachkräftemangel in einigen Branchen.

Wir befinden uns an einem Wendepunkt in der Wirtschaftsgeschichte, ausgelöst durch veränderte Marktbedingungen und neue Technologien, die wiederum die

---

[2] Im Rahmen von Communities of Practice gibt es keine formellen Lernpfade. Sie werden durch die Lerner selbst organisiert. Die Lerner entscheiden selbst über die Ziele, Inhalte, Strategien, Methoden und Kontrollmechanismen ihrer Lernprozesse.

[3] Vgl. McKinsey Deutschland (2013).

Unternehmen grundlegend verändern. Die Entwicklung zur Enterprise 2.0[4] verstärkt diese Tendenzen und bedingt nach Don Tapscott eine grundlegende Neuausrichtung der Unternehmensstrategien:[5]

- *Neue Geschäftsarchitekturen*: Verantwortliche treffen die richtigen Entscheidungen über Abgrenzung und Partner des Unternehmens und überdenken diese ständig neu.
- *Innovation und Wachstum im Auge behalten*: Innovation und Wachstum benötigen eine strategische Ausrichtung.
- *Umgang mit Innovationen*: Um Innovationen sicherzustellen, sind kollaborative Lernprozesse zu ermöglichen.
- *Chancen nutzen*: Aus internen Potenzialen werden zusätzliche Mehrwerte geschaffen.
- *Nachhaltiger Vorteil*: Nachhaltige Vorteile werden durch Wachsamkeit, Agilität, Kompetenzentwicklung und stetige Wettbewerbsinnovation ermöglicht.
- *Dynamisches System*: Zwischen den Handlungen der Mitbewerber und der Kunden herrscht eine dynamische Wechselbeziehung.
- *IT-Lösungen*: Der Einsatz neuer Technologien bietet die Chance, IT-Kosten zu senken.

Jay Cross bezeichnet die neue Unternehmenswelt der Enterprise 2.0 und des Social Business als „*Terra Nova*". Diese hat sich aus der Industrie- und dann der Informationsära heraus entwickelt, die durch folgende Schwerpunkte gekennzeichnet sind (siehe Tab. 1.1):[6]

Die neue Arbeits- und Lernwelt der „*Terra Nova*" besitzt einen ganzheitlichen Charakter und ist vor allem durch die Integration des Lernens in die betrieblichen Arbeitsprozesse geprägt.[7]

---

[4] Enterprise 2.0: Unternehmen, die soziale Software-Plattformen in der Kommunikation innerhalb der Organisation, aber auch mit Partnern und Kunden nutzen.

[5] Vgl. Tapscott (2010, S. 146 ff.).

[6] In Anlehnung an Cross (2010, S. 42 ff.).

[7] Vgl. Buhse und Stamer (2008).

Tab. 1.1 Schwerpunkte der wirtschaftlichen Entwicklungsstufen

Blickwinkel	Industriezeitalter	Informationszeitalter	„Terra Nova"
Mitarbeiter	Körperlich, nach Vorgabe Arbeitende	Wissensarbeiter	Kreative Netzwerker
Treiber der Wertschöpfung	Maschinen	Intellektuelles Kapital	Design und Emotionen
Menschlicher Arbeitsschwerpunkt	Handarbeit	Linke Gehirnhälfte: rationales Handeln	Rechte Gehirnhälfte: kreatives, emotionales Handeln
Fokus	Effizienz, eher stumpfsinnige Aufgabenerfüllung	Erledigung von Aufgaben	Innovation
Kommunikations-schwerpunkte	Gesprochenes Wort	Geschriebene Texte	Soziale Medien in der Arbeitswelt
Lernziele	Wissen und Qualifikation	Wissen und Qualifikation	Kompetenzen
Lernort und -methodik	Seminar	Seminar, E-Learning, Blended Learning	Social Learning im Netz

1.2   Eine Lernrevolution hat begonnen

Ein pädagogischer Aufschrei begleitete das Buch „Die Weiterbildungslüge"[8] – dabei zog der Autor nur die Konsequenzen aus der Feststellung, dass die traditionellen Weiterbildungsveranstaltungen und Seminare kaum zu einer Kompetenzentwicklung führen und damit für die Unternehmen nur herausgeschmissenes Geld bedeuten. Für Deutschland beziffert er die Verlustsumme bereits 2008 immerhin mit 30 Mrd. €.

Die immer komplexeren Anforderungen an Unternehmen und ihre Mitarbeiter setzen Kompetenzen voraus, die Fähigkeit, Problemstellungen im Prozess der Arbeit selbstorganisiert und kreativ zu lösen.[9] Wissen und Qualifikation sind dafür die notwendigen Voraussetzungen, reichen aber bei weitem nicht aus.

Da man Kompetenzen nicht vermitteln kann, sondern diese nur durch die Lerner selbstorganisiert aufgebaut werden können, müssen die Mitarbeiter die Kompetenz erlangen, ihren Lernprozess selbst zu organisieren.[10] Die steigende Menge an Informationen, die immer größer werdende Bedeutung des Internets und die

---

[8] Vgl. Gries (2008).

[9] Vgl. Erpenbeck und Rosenstiel (2007, S. XVII ff.).

[10] Vgl. Bauer et al. (2007, S. 18).

immer kürzer werdende Halbwertszeit des Wissens erfordern ein lebenslanges Lernen der erwerbstätigen Menschen.[11] Deshalb benötigen die Unternehmen einen Ermöglichungsrahmen für diese Lernprozesse, der von der Unternehmensstrategie und dem betrieblichen Werterahmen abgeleitet und laufend optimiert wird.[12]

Kompetenzlernen führt Lern- und Arbeitsprozesse mit dem Ziel zusammen, Herausforderungen in der Praxis zu überwinden. Diese Art des Lernens unterscheidet sich wesentlich von Lernprozessen zur Aneignung von Qualifikationen.[13]

Die Entwicklung humanoider Computer, die menschenähnlich denken können, wird in wenigen Jahren die Arbeits- und Lernwelt radikal verändern. Lernen zielt immer mehr auf die eigene Kompetenzentwicklung ab und findet deshalb bevorzugt im Prozess der Arbeit und im Netz, d. h. im eigenen Netzwerk sowie unter Nutzung von Social Software statt.

Auch der notwendige Wissensaufbau und die Qualifizierung werden zunehmend in die Verantwortung der Mitarbeiter verlagert, die bei Bedarf „on demand" Wissen und Qualifikation mit E-Learning und Blended-Learning-Lösungen für ihre individuellen Problemstellung aus der Praxis erarbeiten. Gleichzeitig nutzen sie aber auch das Erfahrungswissen von Kollegen, das diese im Rahmen des kompetenzorientierten Wissensmanagements[14] kollaborativ aufgebaut haben.

Diese Zukunft des Lernens hat bereits begonnen. In immer mehr Unternehmen werden E-Learning und Blended-Learning-Lösungen bis hin zum Social Workplace Learning[15] umgesetzt.

Nach Jane Hart zeigen sich aktuell vier Entwicklungstrends im betrieblichen Lernen:[16]

- *Wachsende Anwenderorientierung der IT und des Lernens*: Die Mitarbeiter und Führungskräfte in den Unternehmen nutzen immer mehr eigene Geräte, wie z. B. Smartphones und Tablets oder Softwarelösungen und Online-Services, weil sie damit ihre Aufgabenstellungen im Unternehmen einfacher lösen können als mit den Systemen, die im bzw. vom Unternehmen zur Verfügung gestellt werden.

---

[11] Vgl. Pabel (2005, S. 13–16).

[12] Vgl. Sauter und Sauter (2013, S. 211).

[13] Vgl. Kuhlmann und Sauter (2008, S. 123).

[14] Kompetenzorientiertes Wissensmanagement hat zum Ziel, Wissensaufbau im weiteren Sinn zu ermöglichen. Neben Fach- und Sachwissen umfasst dieses erweiterte Wissen Sinn, Werte, Regeln, Normen und Erfahrungen, aber auch Gefühl, Intuition und Kreativität beim Umgang mit Information und Wissen. Wissen wird demnach mit Werthaltungen verknüpft.

[15] Kollaboratives Arbeiten und Lernen im Netz(-werk).

[16] Vgl. Hart (2013, S. 5 ff.).

- *Lern- und Arbeitsinstrumente, aber auch persönliche Werkzeuge wachsen immer mehr zusammen*: Die zunehmende Anwenderorientierung der IT führt dazu, dass sich auch die Instrumente des Arbeitens und Lernens immer mehr überschneiden.
- *Soziale Werkzeuge werden immer wichtiger*: Die kollaborative Entwicklung von Lösungen und Inhalten in kommunikativen Prozessen im Netz, aber auch die gemeinsame Nutzung von Ressourcen, Ideen und Erfahrungswissen verdrängen zunehmend das Erfordernis, formelles Wissens intendiert aufzubauen.
- *Selbstorganisiertes Lernen am Arbeitsplatz ersetzt formelles Lernen*: Mitarbeiter und Führungskräfte nutzen immer mehr soziale Werkzeuge, um individuelle, selbstorganisierte Lernprozesse nach ihren Bedürfnissen zu gestalten.

Die Menschen, die in dieser Weise arbeiten und lernen, nennt Jane Hart *„Smart Workers"*. Darunter versteht sie Mitarbeiter, die webversiert, aber auch hochmotiviert sind, sich an ihren Arbeitsaufgaben orientieren und sich der Erledigung dieser verpflichtet fühlen. Dabei nutzen sie soziale Medien. Ihre Lernprozesse charakterisieren sich wie folgt:[17]

Smart Workers

- *erkennen, dass sie während der Arbeit kontinuierlich lernen.* Sie sind sensibilisiert dafür, im Arbeitsprozess neue Informationen aktiv zu nutzen, Gesprächsergebnisse auszuwerten, von ihren Kollegen zu lernen und gezielt Fragen zu stellen. Dabei nutzen und pflegen sie ihr Netzwerk.
- *suchen unmittelbar verwertbare Lösungen für ihre Praxisprobleme, sobald Bedarf dafür besteht.* Sie wollen ihre Probleme nicht studieren, sondern nutzen pragmatisch alle Möglichkeiten, vom Learning-Management-System bis hin zu Sozialen Netzwerken.
- *teilen gerne ihr Wissen.* Dabei nutzen sie die gleichen Werkzeuge, die sie beim Lernen und Arbeiten einsetzen.
- *lernen am besten mit und von anderen.* Dies gilt für formelle und informelle Lernprozesse. Soziale Medien, die kooperatives Lernen und kollaboratives Arbeiten und Lernen im Netz möglich machen, können diese Lernprozesse wirkungsvoll fördern. Dies erklärt auch den aktuellen Siegeszug der MOOC.[18]

---

[17] Vgl. Hart (2013, S. 5 ff.).

[18] *Massive Open Online Courses* (*MOOC*) sind im Netz angebotene Kurse („online") mit Open Resources und einer teilweise sehr großen Teilnehmerzahl („massive"), die jedem Lerner ohne Kosten offenstehen und im Netz stattfinden.

- *verlassen sich auf ein vertrauenswürdiges Netzwerk von Freunden und Kollegen*. Während sich diese Netzwerke früher auf einen eher überschaubaren Bereich beschränkten, ermöglichen Soziale Netzwerke eine enorme Erweiterung dieser Möglichkeiten. Die Interaktionen in diesen Netzwerken umfassen Fragen und Antworten, Ideenweitergabe und -nutzung sowie den Austausch von Erfahrungswissen, um Problemstellungen in der Praxis selbstorganisiert und kreativ zu lösen. Die Mitarbeiter halten sich gegenseitig auf dem Laufenden und lernen regelmäßig voneinander, häufig unbewusst.
- *bleiben beruflich am Puls der Zeit.* Über vielfältige soziale Werkzeuge (Blogs, Feeds ...) und Services stellen die Mitarbeiter sicher, dass sie über alle aktuellen Entwicklungen in ihrem Wirtschaftsbereich und in ihrem Beruf bestens informiert sind.
- *streben danach, ihre Produktivität zu steigern.* Die Mitarbeiter versuchen mithilfe ihrer Sozialen Netzwerke laufend Wege zu finden, um die eigenen und die Aufgaben des Teams noch besser zu erfüllen oder innovative Wege zu gehen.
- *entwickeln sich autonom.* Der Smart Worker entscheidet selbst über seine Lernziele sowie die Wege und Werkzeuge, um Lösungen zu entwickeln.

Die Anforderungen an die Verantwortlichen und Mitarbeiter des betrieblichen Kompetenzmanagements und vor allem an die Mitarbeiter selbst verändern sich deshalb fundamental und mit wachsender Geschwindigkeit. Gleichzeitig wandeln sich Handlungs- und Lernroutinen, die teilweise über Jahrzehnte angeeignet wurden, aber nur sehr langsam. Entsprechend müssen sich auch die Strukturen und Prozesse in den Unternehmen grundlegend verändern.

Von der Personalentwicklung zum Kompetenzmanagement 2

Das betriebliche Lernen verlagert sich tendenziell immer mehr an den Arbeitsplatz und ins Netz. Die Mitarbeiter in den Unternehmen lernen, wenn sie arbeiten, und im Rahmen ihrer Arbeit lernen sie. Lernen und Arbeiten wachsen zusammen. Dadurch wird sich auch die Rolle der heutigen Personalentwicklung grundlegend zu einem strategieorientierten Kompetenzmanagement hin entwickeln. Die einzelnen Merkmale des betrieblichen Bildungssystems werden sich demnach ebenfalls verändern müssen (siehe Tab. 2.1).

Bisher waren meist die Personalentwicklung, die Weiterbildungsakademien oder die Corporate Universities für Lernen im Unternehmen, häufig in Form von Seminaren oder E-Learning-basierten Arrangements, verantwortlich. Sowohl die langjährigen Untersuchungen von Kirkpatrick[1] als auch die Zusammenfassungen empirischer Analysen durch Robert Terry, nach denen lediglich fünf bis zwanzig Prozent des in formellen Lernprozessen Gelernten den Weg an den Arbeitsplatz schaffen,[2] zeigen in erschreckender Form auf, wie ineffizient die klassische Trainings-Industrie im Hinblick auf die Performanz der Mitarbeiter in der Praxis ist. Dagegen zielt strategieorientiertes Kompetenzmanagement darauf ab, die Entwicklung der Handlungskompetenz der einzelnen Mitarbeiter im Hinblick auf ihre Herausforderungen im Arbeitsprozess zu ermöglichen.

Personalentwicklung hatte und hat vielfach noch immer ausschließlich mit Laufbahnkonzepten und Seminarplanung zu tun. Dafür gibt es bewährte professionelle Systeme, die meist auch eine hohe Akzeptanz genießen. Die Entscheidungen für innovative Lernsysteme, z. B. E-Learning, Blended Learning und Kompetenzentwicklung, ziehen sich in vielen Unternehmen quälend lange hin. Dabei stehen meist nicht finanzielle Gründe im Vordergrund. Unser Eindruck ist, dass

---

[1] Vgl. Kirkpatrick und Kirkpatrick (2012).

[2] Vgl. Terry (2011).

© Springer Fachmedien Wiesbaden 2015
W. Sauter, C. Scholz, *Von der Personalentwicklung zur Lernbegleitung*, essentials, DOI 10.1007/978-3-658-10798-7_2

Tab. 2.1 Von der klassischen Personalentwicklung zum strategieorientierten Kompetenzmanagement

	Klassische Personalentwicklung	⇨ Übergangsphase	Strategisches Kompetenzmanagement
Steuerung	Top-down durch „Lehrer" Fremdsteuerung	Fremdsteuerung Teilweise selbstgesteuert Lernbegleitung durch Tutor	Bottom-up Selbstorganisiert Lernpartnerschaft (Co-Coaching) Lernbegleitung durch Coach/Mentor
Ziele	Vorgegeben	Vorgegeben Teilweise individuelle Lernziele	Individuelle Kompetenzziele
Inhalte	Vorgegeben	Vorgegeben Teilweise individuelle Inhalte im Rahmen von Transferaufgaben	Nach Bedarf im Arbeitsprozess
Methodik	Push Kurse E-Learning	Push and pull Blended Learning Workshops	Pull Ermöglichungsrahmen Social Learning
Lernzeit	Gesonderte Seminar- oder E-Learning-Zeiten	Gesonderte Seminar- oder E-Learning-Zeiten In Transferphasen, teilweise im Arbeitsprozess	Im Arbeitsprozess
Autoren der Inhalte	Experten und Medienentwickler	Experten und Medienentwickler Teilweise Mitarbeiter	Mitarbeiter

Entscheider häufig die Sorge haben, dass dieses Vorhaben ein Misserfolg wird. Es fehlt an eigenen Erfahrungen und Fragen wie, „Wie wird die Trainermannschaft darauf reagieren?" und „Werden die Lerner das Konzept tatsächlich annehmen?" werden laut.

Betriebliche Entwicklungssysteme für Mitarbeiter und Führungskräfte müssen die Zukunft vorwegnehmen, wenn sie die Unternehmen für den kommenden Wettbewerb fit machen wollen. Wenn Online-Kommunikation, Recherche im Intranet oder Internet oder die Erstellung von Blogs für immer mehr Menschen zur Normalität werden, müssen diese Instrumente auch integraler Bestandteil der betrieblichen Lernsysteme werden.

Diese Lernkonzeptionen weisen eine hohe Selbstorganisation und Eigenverantwortung der Lerner auf. Deshalb benötigen die Mitarbeiter entsprechende „Ermöglichungsräume für Kompetenzentwicklung". Hierbei sind nach unserer Einschätzung insbesondere folgende Aufgaben des strategieorientierten Kompetenzmanagements hervorzuheben:

- *Prozessmoderation*: Prozesse zur Ableitung der Kompetenzmodelle aus der Unternehmensstrategie und dem gemeinsamen Werterahmen werden moderiert und begleitet.
- *Coaching der Führungskräfte:* Führungskräfte entwickeln sich immer mehr zu Entwicklungspartnern und Mentoren ihrer Mitarbeiter. Die Führungs- und Lernkultur verändert sich fundamental. Das Kompetenzmanagement initiiert und moderiert diese Veränderungsprozesse und coacht wiederum die Führungskräfte.
- *Laufende Weiterentwicklung des Ermöglichungsrahmens* für Kompetenzentwicklung:
  - Optimierung der Sozialen Lernplattform und der Lerninhalte sowie der Tools zur Kompetenzentwicklung
  - Impuls- und Ideengeber für Lernbegleiter, Führungskräfte und Mitarbeiter
  - Services für kollaboratives Lernen: Die Mitarbeiter werden dabei unterstützt, in ihrem Netzwerk Lösungen für aktuelle Herausforderungen in der Praxis zu entwickeln
  - Begleitung individueller und organisationaler Lernprozesse
  - Förderung des kompetenzorientierten Wissensmanagements
  - Services für Open Resources: Gezieltes Angebot von Open Resources zur Ergänzung der innerbetrieblichen Lernangebote
  - Ermöglichung des Lernens im Netz
  - Förderung von Communities of Practice

Die Erledigung dieser Aufgaben erfordert, im Rahmen der Ausgestaltung der kompetenzorientierten betrieblichen Lernsysteme, neue Strukturen im Unternehmen, aber auch die Neuausrichtung der Rollen der Verantwortlichen und Mitarbeiter des betrieblichen Kompetenzmanagements.

Konzeption des strategieorientierten Kompetenzmanagements

Strategieorientiertes Kompetenzmanagement zielt darauf ab, selbstorganisierte Kompetenzentwicklungsprozesse im Prozess der Arbeit und im Netz zu ermöglichen und zu begleiten.[1]

3.1 Rahmenbedingungen

Die Herausforderungen der Mitarbeiter in der Praxis werden immer komplexer. Auf diese müssen sie mit rasch verfügbaren und adäquaten Lösungsansätzen reagieren können. Das Ziel des betrieblichen Kompetenzmanagements ist es deshalb, es den Mitarbeitern zu ermöglichen, ihren Beitrag zur Erreichung der strategischen Ziele zu leisten.

Die strategische Kompetenzentwicklung setzt die persönliche Motivation der Mitarbeiter voraus, die eigene Employability[2] zu stabilisieren und weiterzuentwickeln. Deshalb muss der persönliche Nutzen für die individuelle, berufliche Entwicklung erfahren werden können. Außerdem muss Kompetenzentwicklung in der Organisation als Bewertungsmaßstab akzeptiert werden.

Betriebliche Kompetenzentwicklung im Prozess der Arbeit erfordert grundlegend veränderte Rahmenbedingungen:[3]

---

[1] Vgl. Erpenbeck und Sauter (2007, S. 88 f.).
[2] Beschäftigungsfähigkeit.
[3] Vgl. Scholz (2014, S. 76–79).

© Springer Fachmedien Wiesbaden 2015
W. Sauter, C. Scholz, *Von der Personalentwicklung zur Lernbegleitung,*
essentials, DOI 10.1007/978-3-658-10798-7_3

- Allen Personalprozessen, von der Rekrutierung bis zum Karrieremanagement, liegt ein gemeinsames Kompetenzmodell zugrunde.
- Auf Wissensquellen und Kompetenzträger kann im Unternehmen einfach und rasch zugegriffen werden.
- Die individuellen Kompetenzentwicklungsziele der Mitarbeiter leiten sich aus den strategischen Unternehmenszielen und den individuellen Kompetenzprofilen ab. Sie werden jeweils mit der verantwortlichen Führungskraft verbindlich vereinbart und überprüft.
- Es wird im Unternehmen akzeptiert, dass Lernprozesse vor allem im Rahmen der Arbeit stattfinden.
- Die individuellen Kompetenzentwicklungsprozesse der Mitarbeiter werden durch die Führungskräfte und professionelle Lernbegleiter flankiert.
- Es werden vielfältige Möglichkeiten zur direkten (z. B. Cafeteria) und zur virtuellen Kommunikation (z. B. Community of Practice) geschaffen.
- Der Austausch von Erfahrungswissen der Mitarbeiter und kollaborative Lernprozesse im Prozess der Arbeit werden systematisch ermöglicht.
- Fehler werden akzeptiert und als Element zur Kompetenzentwicklung betrachtet.

3.2 Prozesse der Kompetenzentwicklung

Lernprozesse mit dem Ziel der Kompetenzentwicklung im Prozess der Arbeit und im Netz (Social Workplace Learning) werden durch zahlreiche Teilprozesse initiiert (siehe Tab. 3.1).

3.3 Ermöglichungsrahmen

Für selbstorganisierte Kompetenzentwicklungsprozesse ist ein Ermöglichungsrahmen erforderlich, der insbesondere die Elemente Kommunikation, Lerninhalte und Erfahrungswissen sowie Laufende Rückmeldung enthält (siehe Abb. 3.1).

- *Kommunikation:* Es wird eine Soziale Lernplattform benötigt, die jedem Lerner über sein E-Portfolio einen persönlichen Zugang sowie einen eigenen Lernbereich bietet, den er selbst im Hinblick auf die Tools, die Inhalte und die Zugangsmöglichkeiten für Lernpartner gestalten kann. Das System schafft die Möglichkeit, im Netz kollaborativ herausfordernde Problemstellungen aus der individuellen Praxis zu bearbeiten. Dabei nutzen die Lerner u. a. Foren, Chats,

Tab. 3.1 Kompetenzentwicklungsprozesse

Teilbereiche	Prozesse
Kompetenzziele	Selbstorganisierte Kompetenzentwicklungsprozesse erfordern individuelle Kompetenzziele, die vom Mitarbeiter eigenverantwortlich, in Abstimmung mit der Führungskraft, festgelegt werden
Kompetenzentwicklung	Auf Grundlage regelmäßiger Kompetenzmessungen und Formulierung von Kompetenzzielen planen und steuern die Mitarbeiter ihre Lernprozesse selbst
Lernen im Prozess der Arbeit	Die aktuellen Herausforderungen am Arbeitsplatz initiieren und bestimmen die selbstorganisierten, kollaborativen Lernprozesse. Vielfältige Lern- und Kommunikationsangebote werden innerhalb des Ermöglichungsrahmens von den Mitarbeitern nach Bedarf gesucht und genutzt
Lernen im Netz(-werk)	Lernen setzt eine qualitativ hohe Vernetzung von Lern- und Kooperationspartnern voraus, über Kanäle, die nicht nur Sachwissen, sondern auch Urteile und emotional-motivationale Bewertungen zu kommunizieren gestatten. Hierfür werden Soziale Lernplattformen benötigt ·
Selbstorganisiertes Lernen	Die Mitarbeiter organisieren ihre Kompetenzentwicklungsprozesse in Abstimmung mit ihren Lernpartnern (Lern-Kollegen), dem Lernbegleiter und der Führungskraft, die sich wiederum an den strategischen Zielen und dem gemeinsamen Werterahmen orientieren
Blended Learning	Regelmäßige Präsenzveranstaltungen der Mitarbeiter mit Lernpartnern, Lernbegleitern und Fach-Experten dienen primär der verbindlichen Lernplanung, dem persönlichen Austausch von Erfahrungswissen, der Netzwerkbildung und der Reflexion von Lernprozessen in der Praxis
Social Learning	Kompetenzentwicklung findet im Netzwerk mit Lernpartnern und in Communities of Practice statt. Soziale Lernplattformen ermöglichen Social Learning
Individuelles Lernen	Die Lerner nutzen vielfältige Angebote des Mobile und Micro Learnings innerhalb des Ermöglichungsrahmens, aber auch Open Resources. Vorratslernen wird zunehmend durch Learning „on-demand" ersetzt
Lernwegflankierung	Die soziale Lernwegflankierung erfolgt vor allem durch Lernpartner im Rahmen des Co-Coachings[a] und evtl. durch Lernbegleiter und Führungskräfte
Kompetenzorientiertes Wissensmanagement	Mithilfe von Lerntagebüchern (z. B. in Form von Blogs) bereiten die Mitarbeiter ihr Erfahrungswissen auf und entwickeln es gemeinsam mit ihren Lernpartnern weiter

Tab. 3.1 (Fortsetzung)

Teilbereiche	Prozesse
Soziales Netzwerk	Regelmäßig treffen sich die neuen und die schon bisher in dieser Gruppe tätigen Lerner selbstorganisiert in virtuellen Workshops. Das Ziel ist vor allem, das gemeinsame Wertesystem weiterzuentwickeln und die Motivation für die selbstorganisierten Kompetenzentwicklungsprozesse zu fördern. Deshalb werden spannende Diskussionen oder Übungen eingefügt, die zu neuen Vorsatzbildungen führen

[a] Co-Coaching: gegenseitiges, überwiegend gleichberechtigtes und für die effektive Kompetenzentwicklung der Coaching-Partner sinnvolle Kooperations- und Kommunikationsbeziehung zwischen Lernpartnern

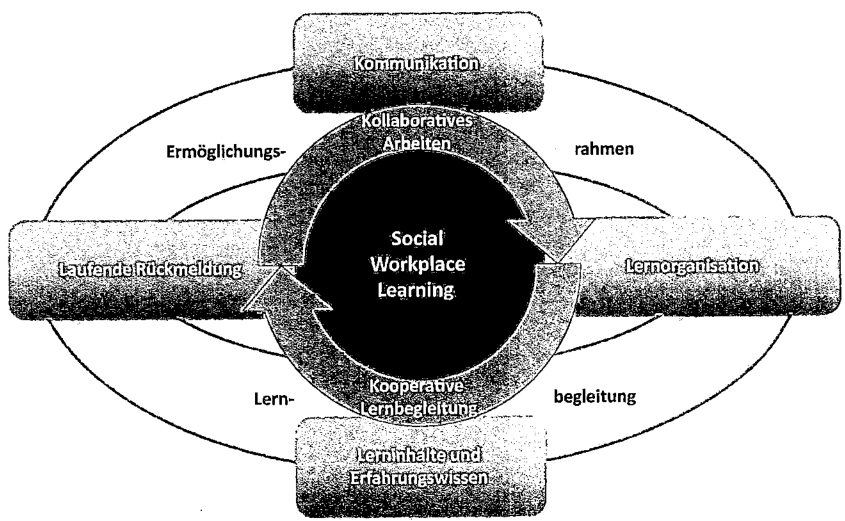

Abb. 3.1 Struktur des Ermöglichungsrahmens

Blogs, Wikis, Reflexions-Tools oder Instant Messenger. In Virtual Classrooms oder Webinaren können sie sich mit Lernpartnern und Experten unabhängig von ihrem Aufenthaltsort austauschen. Zu einzelnen Themenbereichen oder im Hinblick auf die Entwicklung bestimmter Kompetenzen werden im Unternehmen Soziale Netzwerke angeboten. Daneben können die Lerner auch Mitglieder in unternehmensübergreifenden Netzwerken sein, um ihren Horizont zu erweitern.

- *Lernorganisation:* Die gesamte Planung und Administration der individuellen Lernprozesse liegt in der Verantwortung der Mitarbeiter. Deshalb bietet die Soziale Lernplattform die Möglichkeit, Lernprozesse selbstorganisiert zu planen, zu gestalten und zu dokumentieren. Daneben ist das System so ausgerichtet, dass die Lerner ihre Lernprozesse direkt im Prozess der Arbeit (Workplace Learning) unabhängig von Ort und Zeit (Mobile Learning) und entsprechend dem aktuellen individuellen Bedarf „on demand" (Micro Learning) gestalten und steuern können.
- *Lerninhalte und Erfahrungswissen:* Die Mitarbeiter können bei Bedarf auf vielfältige, didaktisch-methodisch aufbereitete Lerninhalte zugreifen, von Web Based Trainings, Videos, Podcasts über Printmedien und E-Books, Serious Games bis zu Transfer- und Projektaufgaben. Das Erfahrungswissen der Mitarbeiter wird im Rahmen des kompetenzorientierten Wissensmanagements mithilfe von Lerntagebüchern (zum Beispiel in Form von Blogs) oder gemeinsamen Arbeitsergebnissen (zum Beispiel in Form von Wikis) systematisch erfasst, so dass es bei späteren Problemlösungen wieder gezielt genutzt werden kann. Das Dokumentenmanagement-System sowie Workpads unterstützen das kollaborative Arbeiten und Lernen im Netz.
- *Laufende Rückmeldung:* Die Mitarbeiter bekommen zu ihren formellen und informellen Lernprozessen laufend Rückmeldung von ihren Lernpartnern, Kollegen und bei Bedarf von Experten.

Dieser Lernrahmen macht es möglich, dass die Mitarbeiter individuelle Lernprozesse mit dem Ziel der selbstorganisierten Kompetenzentwicklung innerhalb der strategischen Ziele und dem Werterahmen der Unternehmung realisieren. Sie verknüpfen dabei formelles, kooperatives Lernen in sozialen Trainings mit informellem, kollaborativem Lernen im Arbeitsprozess.

Der Ermöglichungsrahmen für selbstorganisierte Kompetenzentwicklungsprozesse erlaubt und erfordert, dass sich Kompetenzmanager nicht mehr auf die detaillierte Planung eines gemeinsamen Lehr-/Lernprozesses (Planungsfixierung) konzentrieren, sondern auf die Ermöglichung der Aneignung von Wissen und Kompetenzen in individuellen, selbstorganisierten Lernprozessen (Realisierungsfixierung). In diesem systemischen Ansatz wird der Lerner als Ganzes gesehen und es werden sein Umfeld und seine individuellen Bedürfnisse, die immer eng mit den emotionalen Strukturen verknüpft sind, berücksichtigt. Der Lernbegleiter schafft die Bedingungen für die Selbstorganisation der Lernenden und ermöglicht damit Prozesse der selbsttätigen und selbständigen Wissenserschließung und Wissensaneignung.[4]

---

[4] Vgl. Siebert (2011, S. 90).

3.4 Rolle des strategieorientierten Kompetenzmanagements

Kompetenzmanagement erfordert eine Neupositionierung des heutigen betrieblichen Bildungsmanagements, das zukünftig die Rolle eines aktiven und strategieorientierten Gestalters und Begleiters der Kompetenzentwicklungsprozesse im Unternehmen spielt. Personalentwickler wandeln sich damit zu Kompetenzmanagern.

Kompetenzmanagement in der betrieblichen Bildung hat die Aufgabe, Kompetenzen zu beschreiben, diese transparent zu machen und allen Mitarbeitern und Führungskräften zu ermöglichen, Kompetenzen selbstorganisiert zu erwerben und laufend zielorientiert weiterzuentwickeln.[5]

Kompetenzmanagement ist in diesem Verständnis eine Managementdisziplin, mit der die Kompetenzen im Unternehmen aktiv gesteuert werden können. Ziel ist es, die Potenziale der Unternehmen im Bereich der Mitarbeiterkompetenzen effektiv zu nutzen und zielorientiert zu entwickeln.

Die Entwicklung von Kompetenzen kann aber nur erfolgreich umgesetzt werden, wenn sie sich an den strategischen Unternehmenszielen ausrichtet. Strategische Entscheidungen determinieren die Kompetenzen, die mit einem Kompetenzmanagement gesteuert werden. Auch müssen sich die Ziele und die Struktur des Kompetenzmanagements an den vorhandenen Organisations- und Kompetenzstrukturen sowie an den Prozessen, Technologien und an der informationstechnischen Infrastruktur orientieren. Die im Unternehmen bereits eingesetzte Technologie setzt Maßstäbe an ein Kompetenz-Management-System, dessen Ausgestaltung und die Kompetenzmanager. Die Handlungsfelder des Kompetenzmanagements müssen in einem Veränderungsprozess mit den jeweiligen Bedingungen und Anforderungen der Unternehmung abgestimmt werden.

Das Kompetenzmanagement muss Strukturen, Systeme, Methoden und Werkzeuge entwickeln, die eine permanente, immer aktuelle Transparenz der Stärken und Potenziale von Mitarbeitern gewährleisten, Geschäftsprozesse sowie Kompetenzentwicklung koppeln und die Prozesse über die Gestaltung des Ermöglichungsrahmens fördern. Die Aufgaben eines strategieorientierten Kompetenzmanagements erfordern deshalb proaktive und strategieorientierte Gestalter und Begleiter der Kompetenzentwicklungsprozesse im Unternehmen.

Dabei nutzt das zentrale Kompetenzmanagement sein eigenes Netzwerk, um für das Unternehmen einen optimalen Mix aus eigenen Entwicklungen und Lernlösungen am Markt, einschließlich Open-Source-Lösungen und Open Educational Resources, zu entwickeln und zu implementieren.

---

[5] Nach North et al. (2013, S. 22).

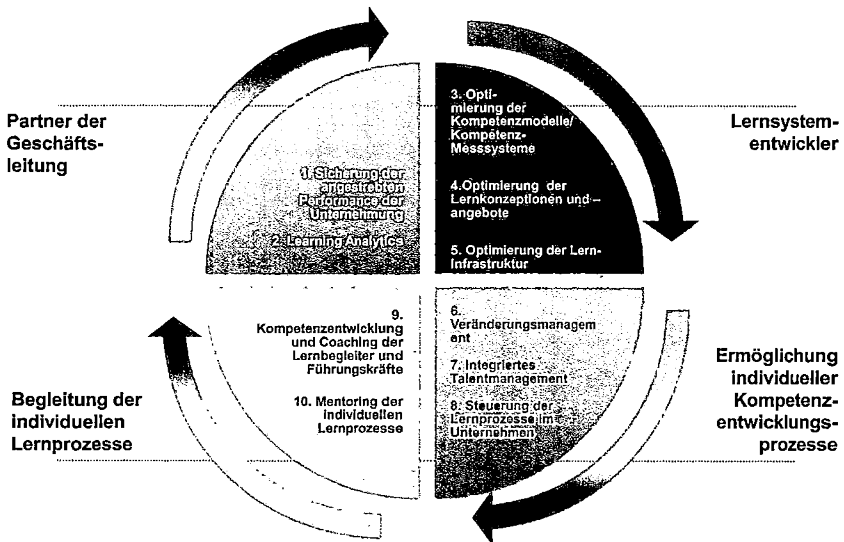

Abb. 3.2 Aufgaben des strategieorientierten Kompetenzmanagements

Orientiert man sich an der Struktur des Kompetenzmodells Social Media der ASTD – American Society for Training & Development, lassen sich die Aufgabenbereiche des strategieorientierten Kompetenzmanagements ableiten (siehe Abb. 3.2).[6]

1. *Sicherung der angestrebten Perfomance*:
   - Ableitung der Kompetenzstrategie aus der Unternehmensstrategie und dem Werterahmen mit Unterstützung des Top-Managements
   - Beschaffung der notwendigen Ressourcen
   - Laufende Weiterentwicklung der Struktur und der Prozesse des betrieblichen Lernens
2. *Learning Analytics*:
   - Aufbereitung und Speicherung der Daten, die sich aus den individuellen Lernprozessen ergeben
   - Daten werden zielgerichtet zusammengeführt, analysiert, interpretiert und die Ergebnisse mit dem Ziel visualisiert, die Lernprozesse zu optimieren
   - Das Kompetenzmanagement leitet die Auswertungen nach Vorgabe des Lerners an Lernpartner, Lernbegleiter oder Führungskräfte weiter

---

[6] Vgl. dazu auch ASTD (2013).

3. *Optimierung des Kompetenzmodells*:
   - Laufende Weiterentwicklung des Systems zur Identifikation und Analyse der möglichen individuellen Kompetenzentwicklung aller Mitarbeiter im Hinblick auf die strategischen Ziele

4. *Optimierung von bedarfsgerechten Lernkonzeptionen und -angeboten*:
   Formelle und informelle Lernlösungen für die Erfordernisse der Unternehmung, von Trainings bis zu Kompetenzentwicklungsmaßnahmen innerhalb eines Ermöglichungsrahmens

5. *Optimierung der Lern-Infrastruktur*:
   - Laufende Beobachtung und Analyse der Entwicklungen im Bereich der Arbeits- und Lerntechnologien
   - Entwicklung bedarfsgerechter Lernlösungen sowie Integration in die Lernkonzeption und die Unternehmens-IT
   - Ermöglichung eines kompetenzorientierten Wissensmanagements mit dem Ziel, Erfahrungswissen der Teilnehmer auszutauschen und weiterzuentwickeln

6. *Veränderungsmanagement*:
   Gestaltung und Begleitung der laufenden Veränderungsprozesse der Lerner, der Lerngruppen und der Organisation mit dem Ziel, eine Lernkultur des selbstorganisierten Lernens zu initiieren

7. *Integriertes Talent-Management*:
   Verknüpfung der Personal- und Führungssysteme mit der betrieblichen Lernkonzeption

8. *Steuerung der Lernprozesse im Unternehmen*:
   Laufende Optimierung des Ermöglichungsrahmens, der den Mitarbeitern und Führungskräften für ihre individuelle Kompetenzentwicklung zur Verfügung gestellt wird

9. *Kompetenzentwicklung und Coaching der Lernbegleiter und Führungskräfte*:
   Ermöglichungsrahmen zum Aufbau der didaktisch-methodischen Kompetenz der Lernbegleiter und Führungskräfte als. Entwicklungspartner ihrer Mitarbeiter

10. *Mentoring der individuellen Lernprozesse*:
    Unterstützung der Mitarbeiter und Führungskräfte durch Lernberatung und Initiierung von Netzwerken

Diese Aufgaben spiegeln mehrere unterschiedliche Rollen wider, denen der strategieorientierte Kompetenzmanager gerecht werden muss. Diese können in kleineren Unternehmen von einer einzigen Person und in großen Organisationen von mehreren Mitarbeitern wahrgenommen werden.

Zur adäquaten Erfüllung der oben genannten Aufgaben bzw. zur gewissenhaften Übernahme der einzelnen Rollen bedürfen die zukünftigen Kompetenzmanager oftmals selbst eines Kompetenzentwicklungsprozesses.

Hierfür eignen sich besonders strategieorientierte, innovative Lernprojekte, die zeitnah messbare Erfolge zeigen. Unser „Doppeldecker-Ansatz"[7], in dem sich die Kompetenzmanager das Wissen zu innovativen Lernsystemen in einem kompetenzorientierten Blended-Learning-Konzept selbstorganisiert aneignen und in einem realen Projekt mit dem Austausch von Erfahrungswissen mittels Social Software anwenden, bildet einen effizienten Rahmen dafür.

3.5   Vom Trainer zum Lernbegleiter

Während die Lerner in seminargeprägten Qualifizierungsmaßnahmen oft passiv und fremdgesteuert agieren, erfordern innovative Lernsysteme ein diesbezüglich grundlegendes Umdenken. Dieser Auffassung nach darf sich auch die betriebliche Bildung nicht mehr als Bereitstellungsinstitution von explizitem Wissen verstehen, sondern im Sinne einer Ausrichtung auf Strategie und Kompetenzen als Begleitung von Veränderungsprozessen, Serviceanbieter und Dienstleister nach Bedarf und als Impuls- und Ideengeber.[8]

Während bisher die Trainer in den meist seminaristischen Lernveranstaltungen das Steuer in der Hand hatten, übernehmen nunmehr die Lerner selbst die Verantwortung für ihre Lernprozesse. Sie entscheiden immer mehr, welche Ziele sie anstreben und was sie mit welchen Methoden lernen. Der Trainer, Dozent oder Lehrer wird zum Lernbegleiter.

Lernbegleiter schaffen ein emotional positives Umfeld für individuelle, selbstorganisierte Lernprozesse, regen die Lerner zur Reflexion über ihre individuellen Lernziele an und ermutigen sie, ihre Ziele umzusetzen. Dabei unterstützen sie die Lerner bei Bedarf in der selbstorganisierten Planung und Steuerung ihrer Lernprozesse.

Lernbegleiter können an folgenden Eckpunkten ansetzen, um Kompetenzentwicklung im Rahmen von Lernprozessen zu ermöglichen:[9]

---

[7] Vgl. Seite xx.

[8] Vgl. Diesner und Seufert (2010).

[9] Vgl. Schüßler (2007).

- *Kompetenzorientierung*: Vorhandene Kompetenzen bilden den Ausgangspunkt des Lernens mit dem Ziel, individuelle Kompetenzentwicklungsmöglichkeiten zu nutzen.
- *Eigenverantwortung der Lerner zulassen*: In regelmäßigen Reflexions- und Evaluationsphasen, z. B. auf Basis von Kompetenzmessungen, bestimmen die Lerner ihren aktuellen Stand und planen die weiteren Schritte ihrer Lernprozesse.
- *Positives Selbstkonzept der Lerner fördern*: Die Lerner erhalten die Möglichkeit, sukzessive mehr Verantwortung für ihren Lernprozess zu übernehmen. Dies kann insbesondere durch den Aufbau von Lernpartnerschaften und Netzwerken gefördert werden.
- *Soziale Einbindung*: Der Lernbegleiter fördert bzw. initiiert die Bildung von Lernpartnerschaften und das Lernen im Netz.
- *Offene Lernprozesse*: Über den Einsatz innovativer Lernformen, das Angebot vielfältiger Erprobungs- und Handlungsmöglichkeiten, z. B. in herausfordernden Praxisprojekten, und die Integration von Kompetenzentwicklung durch das Zusammenführen von Lernen und Arbeiten sowie vielfältige Formen des Erfahrungsaustauschs und der Kommunikation schafft der Lernbegleiter ein offenes Lernambiente.

Die Einführung von selbstorganisierten Lernkonzeptionen, z. B. mit E-Learning, Blended Learning oder sogar Social Learning, stößt in Unternehmen allerdings häufig auf starken Widerstand. Erfolgreiche Trainer zeichnen sich dadurch aus, dass sie in ihren Seminaren und Workshops immer alle „Fäden" in den Händen halten. Aus ihrer langjährigen Erfahrung heraus können sie auch kritische Situationen im Regelfall souverän meistern. Kompetenzorientiertes Blended Learning ist jedoch in erster Linie durch selbstorganisiertes Lernen gekennzeichnet. Der Trainer, der bisher alles „im Griff" hatte, wird zum Coach, d. h. zum Entwicklungspartner im Hinblick auf die zu erreichenden Kompetenzziele der Lerner, die weitgehend eigenverantwortlich handeln (siehe Tab. 3.2).

Tab. 3.2 Vom LEHREN zum LERNEN

LEHRmethode	KompetenzLERNEN
Unterrichten	Lernwelten gestalten
Lernen als vorrangig rezeptiver Prozess	Lernen als selbstgesteuerter Prozess
Anleiten, darbieten, erklären	Begleiten: unterstützen, anregen, beraten
Passive Position des Lernenden	Aktive Positionen des Lernenden

Das Anforderungsprofil für den Trainer verändert sich vom Wissensvermittler zum Entwicklungspartner (Coach) oder Mentor der Lerner, also zum Lernbegleiter. Diesem Profil werden sicherlich nicht alle der heutigen Trainer gerecht werden können. Gleichzeitig eröffnen sich für Trainer, die ihre Stärken eher im Coaching und im Mentoring sehen, Möglichkeiten, um ihre Stärken zukünftig besser einsetzen zu können. Betriebliche Bildung wird dann auch für Praxisexperten attraktiv, die Freude daran haben, ihr Erfahrungswissen im Rahmen von praxis- und projektorientierten Lernformen einzubringen.

Profil strategieorientierter Kompetenzentwickler

4

Auf Basis des Kompetenzmodells von Erpenbeck und Heyse haben wir in unseren Praxisprojekten aus dem Aufgabenprofil der Kompetenzmanager ein Kompetenzprofil abgeleitet, das die 16 Kompetenzen umfasst, die für die Handlungskompetenz strategieorientierter Kompetenzmanager von zentraler Bedeutung sind (siehe Abb. 4.1).[1]

Diese Kompetenzen, die für den Erfolg der Kompetenzmanager die Voraussetzung bilden, können für diese Zielgruppe wie folgt definiert werden.

---

[1] Vgl. Heyse (2010, S. 123–155).

© Springer Fachmedien Wiesbaden 2015

W. Sauter, C. Scholz, *Von der Personalentwicklung zur Lernbegleitung,*
essentials, DOI 10.1007/978-3-658-10798-7_4

P – Personale Kompetenzen

Glaubwürdigkeit: *Fähigkeit, glaubwürdig zu handeln* **P**

Normativ-ethische Einstellung: *Fähigkeit, ethisch zu handeln* **P**

Schöpferische Fähigkeit: *Fähigkeit, kreativ zu handeln* **P/A**

Ganzheitliches Denken: *Fähigkeit, ganzheitlich zu denken und zu handeln* **P/F**

S – Sozial-kommunikative Kompetenzen

Dialogfähigkeit/Lernerorientierung: *Fähigkeit, sich auf Mitarbeiter und Führungskräfte*

im Gespräch einzustellen **S/P**

Beratungsfähigkeit: *Fähigkeit, Lerner, Führungskräfte und Lernbegleiter zu beraten* **S/A**

Beziehungsmanagement: *Fähigkeit, persönliche und arbeitsbezogene Beziehungen* **S**
zu gestalten

Kooperationsfähigkeit: *Fähigkeit, gemeinsam mit anderen erfolgreich zu handeln* **S**

A – Aktivitätsbezogene Kompetenzen

Gestaltungswille: *Fähigkeit, etwas willensstark zu gestalten* **A/P**

Initiative: *Fähigkeit, Handlungen aktiv zu beginnen* **A**

Impulsgeben: *Fähigkeit, anderen Handlungsanstöße zu vermitteln* **A/S**

Ergebnisorientiertes Handeln: *Fähigkeit, an Ergebnissen orientiert zu handeln* **A/F**

F – Fachlich-methodische Kompetenzen

Analytische Fähigkeiten: *Fähigkeit, Sachverhalte und Probleme zu durchdringen* **F/P**

Konzeptionsstärke: *Fähigkeit, sachlich gut begründete Lernkonzeptionen zu entwickeln* **F/A**

Projektmanagement: *Fähigkeit, Projekte erfolgreich durchzuführen* **F/S**

Systematisch-methodisches Vorgehen: *Fähigkeit, Handlungsziele systematisch*

methodisch zu verfolgen **F/A**

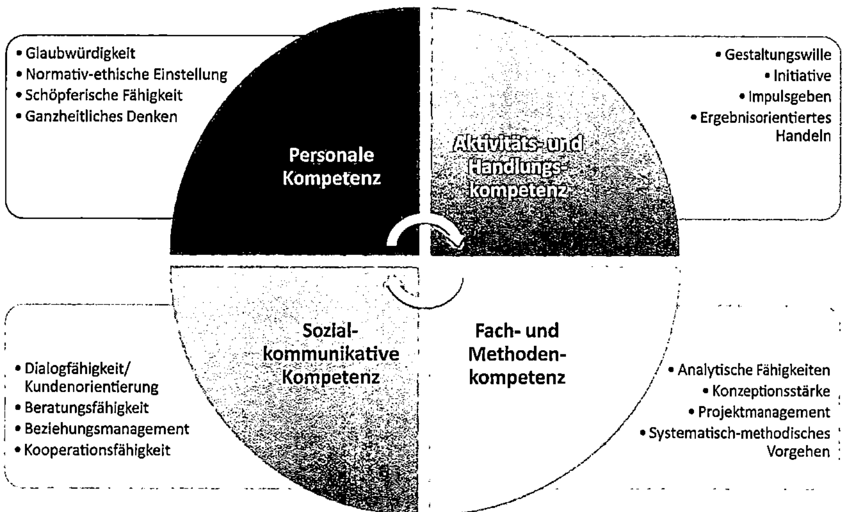

Abb. 4.1 Kompetenzprofil kompetenzorientierter Personalmanager

Hinweis Die einzelnen Kompetenzen können jeweils einem der vier Kompetenz-
bereiche zugeordnet werden. Teilweise enthalten sie auch Aspekte eines zweiten
Kompetenzbereichs. Dies wird durch den Hinweis, wie z. B. P/A (= Personale
Kompetenz mit Aspekten der aktivitätsbezogenen Kompetenzen), gekennzeichnet.

Auf dieser Basis empfehlen wir, die Kompetenzen ausführlich zu beschreiben,
mögliche Übertreibungen abzuleiten, die einzelnen Zielkorridore zu definieren
und handlungsorientierte Fragen für die Kompetenzmessungen zu entwickeln.

Strategieorientiertes Kompetenzmanagement – ein Veränderungsprojekt 5

Mitarbeiterkompetenzen werden zu einem entscheidenden Wettbewerbsfaktor und müssen genauso professionell erfasst, ausgerichtet und gemanagt werden wie andere Produktionsfaktoren.

Strategieorientiertes Kompetenzmanagement hat zum Ziel, die Potenziale der Unternehmen im Bereich der Mitarbeiterkompetenzen im Hinblick auf die Unternehmensstrategie effektiv zu nutzen und zielorientiert zu entwickeln.[1]

Deshalb ist die Entwicklung und Einführung eines strategieorientierten Personalmanagements immer auch Veränderungsmanagement, das in einem ganzheitlichen, strategisch orientierten Implementierungsprozess gestaltet wird. Es verknüpft dabei die Ebenen der Mitarbeiter mit ihren Kompetenzprofilen sowie den Kernkompetenzen der Unternehmen und umfasst alle Bereiche der Kompetenzerfassung und -entwicklung der Mitarbeiter mit dem Ziel, die Wettbewerbsfähigkeit der Unternehmung zu optimieren.[2]

Die Handlungsroutinen der Menschen beim Lernen haben sich seit ihrer Kindheit entwickelt und verfestigt, so dass sie nur langfristig wieder abgebaut und durch neue Denk- und Handlungsweisen ersetzt werden können. Deshalb ist ein langfristiges Veränderungsmanagement erforderlich, das eine entsprechende Entwicklung der Lernkultur bewirkt.

---

[1] Vgl. Erpenbeck und Roth (2012).

[2] Vgl. Grote et al. (2012).

© Springer Fachmedien Wiesbaden 2015
W. Sauter, C. Scholz, *Von der Personalentwicklung zur Lernbegleitung,*
essentials, DOI 10.1007/978-3-658-10798-7_5

5.1 Rahmenbedingungen für einen erfolgreichen Veränderungsprozess

Unternehmensweite Kompetenzentwicklung setzt vor allem folgende Rahmenbedingungen voraus:

- *Mehrwert und Anschlussfähigkeit sicherstellen:* Von Anfang an muss das Management Kompetenzmanagement als integrierten Teil der strategischen Unternehmensentwicklung postulieren. Dies erhöht die Akzeptanz bei allen Beteiligten und verringert den Aufwand bei der Einführung. Kompetenzmanagement wird Teil der strategischen Unternehmensentwicklung.
- *Projektteam installieren und Verantwortlichkeiten klären:* Ein kompetentes Projektteam mit klaren Verantwortungen und Befugnissen stellt ein professionelles Projektmanagement sicher. Dabei wird es vom Top-Management aktiv unterstützt, insbesondere in der Kommunikation, im internen Marketing und bei der strategischen Ausrichtung.
- *Mitarbeitervertretung einbeziehen:* Die frühzeitige Einbeziehung des Betriebs- oder Personalrats trägt zur Akzeptanz bei und hilft, mögliche arbeits- und datenschutzrechtliche Probleme im Vorfeld zu erkennen und auszuräumen.
- *Ermöglichungsrahmen aufbauen:* Auf Basis einer Sozialen Lernplattform werden alle Elemente, die für selbstorganisierte Kompetenzentwicklungsprozesse erforderlich sind, zur Verfügung gestellt. Damit können individuelle und organisationale Potenziale aller Mitarbeiter systematisch identifiziert und ausgebaut werden. Netzwerkstrukturen und -prozesse können zur Lösung von Herausforderungen im Prozess der Arbeit genutzt werden.
- *Lernbegleitung:* Kompetenzentwicklungsprozesse werden durch Experten aus dem strategieorientierten Kompetenzmanagement, der heutigen Personalentwicklung, sowie die jeweiligen Führungskräfte begleitet.
- *Führungskräfte entwickeln:* Kompetenzentwicklung der Mitarbeiter setzt zwingend voraus, dass die Führungskräfte die Rolle eines Entwicklungspartners übernehmen. Deshalb müssen die Führungskräfte ihre eigene Kompetenz aufbauen, in ihrer Schlüsselfunktion die notwendigen Methoden in der operativen Arbeit anzuwenden.
- *Arbeiten und Lernen sukzessive zusammenführen:* Arbeits- und Lernsysteme werden synchronisiert, so dass Arbeits- und Lernprozesse zusammenwachsen.
- *Mit Pilotprojekt starten:* Die Pilotierung dient dem Anwendertest, um mögliche Schwachstellen des neuen Systems zu erkennen und zu optimieren. Danach

erfolgt die Ausweitung auf das gesamte Unternehmen und die Verknüpfung mit
den Standardprozessen des Personalbereichs.

- *Internes Marketing:* Mithilfe aller Führungskräfte muss verdeutlicht werden,
  dass jeder Mitarbeiter vom System der selbstorganisierten Kompetenzentwicklung profitiert, beispielsweise dadurch, dass er sein Kompetenzprofil durch
  eigene Entwicklungsbemühungen gezielt verbessern kann und damit seine Beschäftigungsfähigkeit und sein Fortkommen günstig beeinflusst.
- *Ausreichend Ressourcen bereitstellen:* Der Einführungsprozess erfordert finanzielle, organisatorische und zeitliche Ressourcen, die vorab zu bewerten und zu
  genehmigen sind.
- *Methodische Professionalität sicherstellen:* Es hat sich als sinnvoll erwiesen,
  den Prozess zur Entwicklung von Kompetenzmodellen durch Experten zu begleiten, die methodische Fragen klären und dem Projektteam helfen, seine Arbeit zu optimieren.

5.2 Implementierung

Kompetenzentwicklung erfordert eine Neupositionierung des betrieblichen Bildungsmanagements, das zukünftig die Rolle eines proaktiven und strategieorientierten Gestalters und Begleiters der Kompetenzentwicklungsprozesse im Unternehmen einnimmt. Der heutige Personalentwickler wird zum strategieorientierten
Kompetenzmanager.

In der Praxis müssen sich innovative Personalentwickler häufig mit Wider-
ständen der Entscheidungsträger oder von Betriebsräten bei Investitionen in netz-
basierte Lernsysteme auseinandersetzen. Häufig kommt eine hohe Unsicherheit
hinsichtlich der erforderlichen Infrastruktur und der Anforderungen an die Didak-
tik und Methodik dieser innovativen Lernsysteme hinzu. Deshalb benötigen Personalentwickler bzw. Kompetenzmanager eine hohe Akzeptanz im Unternehmen,
Durchsetzungsvermögen und eine zielorientierte Vorgehensweise.

In der *Phase vor Beginn des Projekts* sind von der Unternehmensleitung die
strategischen Fragen im Zusammenhang mit dem Veränderungsprojekt im Bereich
der betrieblichen Bildung zu beantworten. Hier wird zunächst ein gemeinsames
Verständnis von Kompetenzentwicklung erarbeitet. Daran sollte sich ein intensiver *Informations- und Diskussionsprozess* mit den Führungskräften anschließen,
die im Implementierungsprozess eine zentrale Rolle übernehmen. Daraus ist ein
entsprechender Prozess mit den Mitarbeitern zu initiieren, um eine dauerhafte Akzeptanz, als Basis für die *Phase der Konzeptionsentwicklung und -umsetzung* zu
schaffen.

Abb. 5.1 Kreislauf der Konzeptionsentwicklung und -umsetzung eines strategischen Kompetenzmanagements

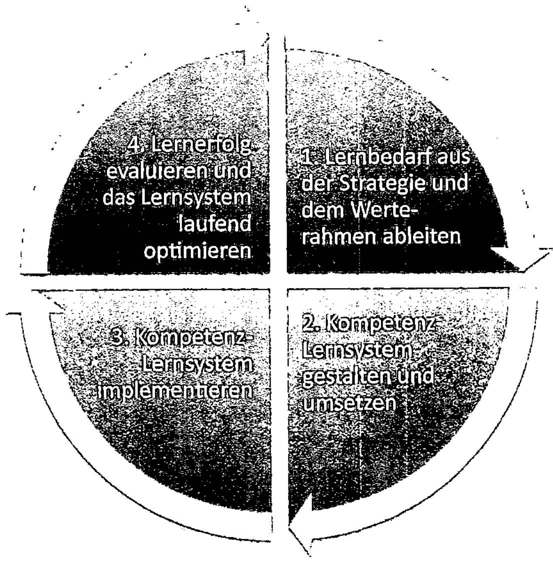

Für die Entwicklung, Umsetzung und Implementierung sowie die laufende Optimierung des Kompetenz-Lernsystems schlagen wir eine Grundstruktur als Kreislauf vor (sieh Abb. 5.1).[3]

Für die einzelnen Stufen des Entwicklungsprozesses hat sich folgende Vorgehensweise bewährt.

5.2.1   Kompetenzentwicklungsmöglichkeiten analysieren

Der Prozess der *Analysephase* beginnt bei der Unternehmensstrategie sowie dem Werterahmen der Organisation und mündet in der Abgrenzung repräsentativer Problem- bzw. Lernfelder (siehe Abb. 5.2). Hier werden vor allem die Möglichkeiten von kompetenzorientierten Lernsystemen analysiert und im Hinblick auf den Unternehmensbedarf bewertet.

- Analyse der Unternehmensstrategie im Hinblick auf den Lernbedarf
- Ableitung der strategischen Anforderungen an die Kompetenzentwicklung
- Entwicklung der Kompetenzentwicklungsstrategie

---

[3] Vgl. im Folgenden Sauter und Sauter (2013, S. 44 ff.).

Abb. 5.2 Analyse des
Lernbedarfs

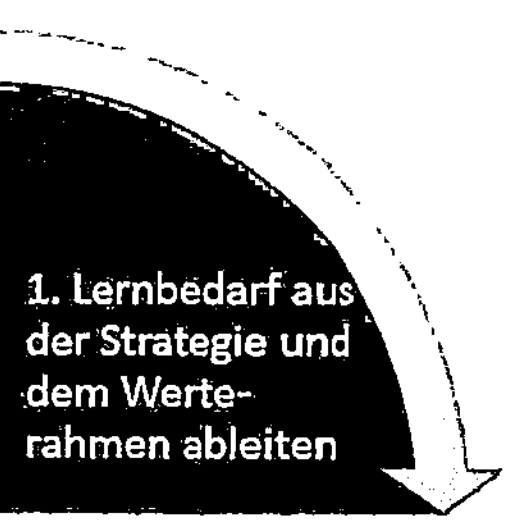

- Definition des Kompetenzmodells und der -profile
- Kompetenzmessungen
- Lernbedarfsanalyse
- Repräsentative Handlungs- und Lernfelder

In einem ein- bis zweitägigen *Kickoff-Workshop* werden die strategischen Projektziele, die grundlegende Vorgehensweise, die Zusammensetzung des Entwicklungsteams sowie die Ressourcen des Projekts definiert. Es hat sich bewährt, neben den Kompetenzmanagern Führungs- und Fachkräfte einzuladen.

In diesem Kickoff sollten verschiedene relevante Sichtweisen auf den Bildungsbereich der Unternehmung zusammengeführt werden. Die Zielsetzung ist dabei, die Grundlinien der zukünftigen Lernkonzeption und die Anforderungen an die entsprechenden Lernsysteme, insbesondere die Soziale Lernplattform, zu definieren. Daneben werden konkrete Vorschläge für Pilotprojekte und die weitere Vorgehensweise erarbeitet.

In diesem Kommunikationsprozess werden insbesondere folgende Fragen bearbeitet:

- *Welche Ziele leiten sich aus der Unternehmensstrategie für das Kompetenzentwicklungssystem ab?*
- *Welche Konsequenzen hat der gemeinsame Werterahmen für das Kompetenzlernen der Mitarbeiter und Führungskräfte?*
- *Wie soll das Kompetenzmanagement zukünftig im Unternehmen grundsätzlich gestaltet sein?*
- *An welchem Kompetenzmodell soll sich die betriebliche Bildungsarbeit orientieren?*
- *Welche Kompetenzprofile sollen zukünftig die Leitlinie der individuellen Lernprozesse sein?*

- *Wie soll der Prozess zur Herleitung und zur Festlegung der Qualifikations- und Kompetenzziele ablaufen?*
- *Welche relevanten Themen bzw. Projekte und Herausforderungen in der Praxis sind zu bearbeiten bzw. zu lösen, um Kompetenzentwicklung zu ermöglichen?*
- *Wie soll der gemeinsame Ermöglichungsrahmen gestaltet werden, der die zukünftige selbstorganisierte Kompetenzentwicklung im Unternehmen gewährleistet?*
- *Welche Lernformen und -orte werden zukünftig im Vordergrund stehen?*
- *Welche Sozialformen – vom Einzellernen bis zum kollaborativen Arbeiten und Lernen im Netz – werden ermöglicht?*
- *Welche Medien werden für die Information, den Wissensaufbau, die Qualifikation und die Kompetenzentwicklung im Netz genutzt?*
- *Welche Lern-Infrastruktur (Soziale Lernplattform) ist dafür erforderlich?*
- *Wie verändern sich die Rollen der Beteiligten?*
- *Welche Prozesse sind im Unternehmen erforderlich, um den Transfer des neuen Lernsystems ins Unternehmen und die Entwicklung der Rollen aller Beteiligten zu initiieren und zu ermöglichen?*
- *Wie wird der neue Lernansatz im Unternehmen kommuniziert?*
- *Welche möglichen Widerstände sind zu überwinden?*
- *Welche personellen und finanziellen Ressourcen ist das Unternehmen bereit zu investieren?*
- *Welche Kompetenzen müssen im Bereich der Personalentwicklung bzw. des Kompetenzmanagements und der Führungskräfte aufgebaut werden, um diese Kompetenz-Lernprozesse zu ermöglichen und zu begleiten?*
- *Welche Anwendungsfelder und Pilotprojekte sind besonders geeignet?*
- *Wie kann der Lernerfolg bewertet werden?*
- *Wie sieht das Evaluierungskonzept aus?*

5.2.2 Kompetenzentwicklungsprozess gestalten

In dieser Projektphase sind vielfältige, meist parallel laufende Teilprojekte zu koordinieren und zu einer schlüssigen Gesamtkonzeption zusammenzuführen (siehe Abb. 5.3).

- Entwicklung des Ermöglichungsrahmens
- Individuelle Definition der persönlichen Kompetenzziele initiieren

Abb. 5.3 Gestaltung des
Lernarrangements

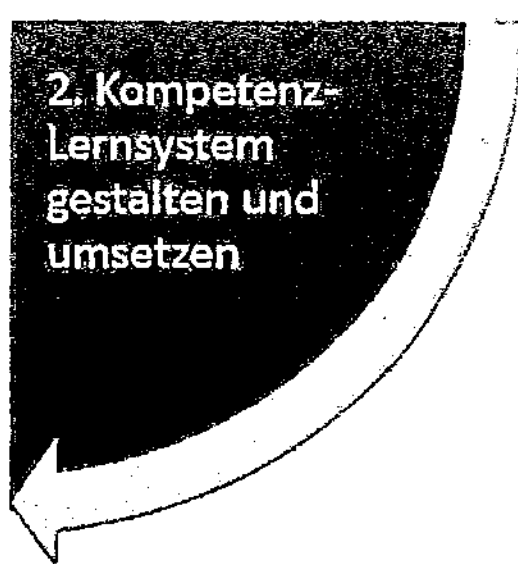

- Vereinbarung der Lernfelder in der Praxis, der Transferaufgaben und Projekte
- Entwicklung kooperativer und kollaborativer Arbeits- und Lernformen
- Identifizierung geeigneter Lern- und Sozialformen
- Definition des Medien- und Kommunikationskonzepts
- Festlegung des Steuerungs- und Flankierungskonzepts
- System der Erfolgsmessung
- Feedback-System

Die Akzeptanz aller Beteiligten ist die Basis für den Erfolg einer neuen Konzeption. Die Führungskräfte und Mitarbeiter sind deshalb frühzeitig über die Ziele der neuen Entwicklungskonzeption sowie die Konsequenzen für ihre Rollen und ihr eigenes Handeln zu informieren. Darüber hinaus ist ein intensiver Kommunikationsprozess zu initiieren, der das Projekt begleitet. Dabei steht zunehmend die Fragen im Vordergrund, welchen persönlichen Nutzen die einzelnen Beteiligten und die Teams durch diesen neuen Ansatz erzielen können, welche Konsequenzen sich für die Rollen und Handlungsweisen der einzelnen Lerner und deren Führungskräfte in der Zukunft ergeben und welche konkreten Schritte zu planen sind.

Diese frühe Diskussion kann zwar bei einigen Führungskräften und Mitarbeitern zu Unsicherheit führen, gleichzeitig kann dadurch allerdings Vertrauen und damit Akzeptanz aufgebaut werden. Nur wenn die Betroffenen frühzeitig in die Prozesse mit einbezogen werden, besteht eine Chance auf umfassende und dauerhafte Veränderungsprozesse.

Es ist ein intensiver Kommunikationsprozess über alle Teil-Projektgruppen hinweg notwendig, damit ein Gesamtkonzept entsteht, welches die gemeinsame „Lern-Philosophie" widerspiegelt. Es bietet sich an, in diesen Projektprozess Social Media zur Kommunikation und Dokumentation zu integrieren, damit die Projektteammitglieder von Anfang an systematisch mit diesen innovativen Kommunikationsinstrumenten vertraut werden („Doppeldecker-Prinzip"). Das Projekt sollte durch einen *Projekt-Blog* begleitet werden, in dem der aktuelle Entwicklungsstand und evtl. offene Fragen dargestellt und diskutiert werden. Arbeitsteams können z. B. über *Projekt-Wikis* ihre Feinpläne zur Kompetenzentwicklung im Team erarbeiten.

5.2.3   Kompetenzentwicklungsprozess realisieren

Die Realisierung der Implementierung einer komplexen Kompetenzentwicklungskonzeption erfordert als dritte Phase ein schrittweises Vorgehen (siehe Abb. 5.4). Über Pilotprojekte können unter „Laborbedingungen" relativ risikolos Erfahrungen gesammelt werden, bevor darauf aufbauend eine Öffnung für breitere Nutzerschichten ermöglicht wird. Damit werden die Einstiegshürden deutlich kleiner.

- Entwicklung und Implementierung der Sozialen Lernplattform bzw. des Learning-Management-Systems
- Kompetenzentwicklung der Medienentwickler, Lernbegleiter, Kompetenzmanager und Führungskräfte
- Entwicklung und Produktion der Feinkonzeptionen, Lern-Tools und Lernmedien
- Einführung des Ermöglichungsrahmens
- Realisierung und Betreuung von Learning Communities bzw. Communities of Practice
- Lernbegleitung und Coaching

Der Nutzen einer neuen Konzeption kann kaum durch Präsentationen oder Beschreibungen vermittelt werden. Es ist vielmehr notwendig, den Vorteil der neuen Konzeption anhand realer Erfahrungen „spürbar" zu machen.

Das Ziel der Pilotphase ist es, die zuvor in der Konzeptionsphase entwickelten Veränderungs-, Kommunikations-, Lern- und Unterstützungsprozesse, aber auch die erforderlichen Systeme umzusetzen und zu evaluieren. Überprüft werden dabei die individuellen und kollaborativen Lernprozesse, die Kommunikations- und

Abb. 5.4 Realisierung des Kompetenzentwicklungsprozesses

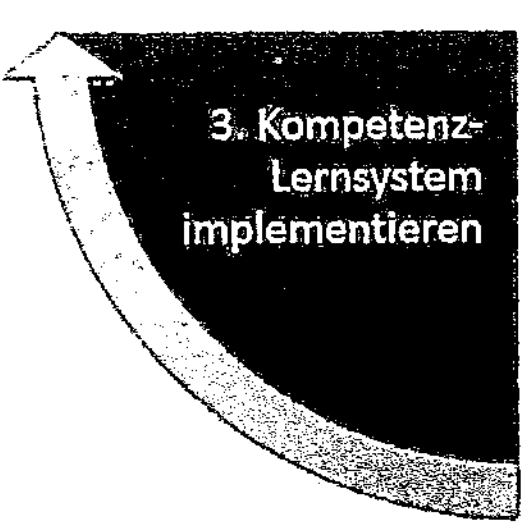

Coachingphasen sowie die Lernziele, Inhalte, Lernformen, Sozialformen und Medien sowie Technik und Organisation. Die Erkenntnisse daraus dienen der Optimierung des Konzepts, welches später auf breiter Ebene ausgerollt wird.

Der „Anreiz" für die Lerner, sich aktiv in dieses Kompetenzentwicklungssystem einzubringen, liegt im Nutzen für die eigene Person und das Team. Dieser besteht vor allem darin, aktuelle Aufgaben besser zu erfüllen, aber auch in der Chance auf erweiterte oder neue Verantwortungsbereiche.

Es hat sich deshalb bewährt, mit einer Pilotgruppe zu beginnen, die sich bereits im Arbeitsleben weitgehend selbstverantwortlich organisiert und eine möglichst große Affinität zu internet- bzw. intranetbasierten Systemen hat. Im Idealfall ist sich die Gruppe ihrer Kompetenzentwicklungsmöglichkeiten bewusst und sucht eine Lösung, um diese zu realisieren. Gelingt es, mit diesen Pilotgruppen glaubwürdige Erfolgsgeschichten zu initiieren, die einen nachvollziehbaren Nutzen für das Unternehmen und seine Mitarbeiter bringen, besteht eine große Chance, auf breiter Front Akzeptanz zu gewinnen.

Die Kompetenzentwicklung der *Kompetenzmanager* sollte, entsprechend der angestrebten Lernkonzeption im „Doppeldecker-Prinzip", mit den zukünftigen Lernsystemen und in handlungsorientierten Lernszenarien mit hoher Selbststeuerung und Selbstorganisation erfolgen.

5.2.4 Lernerfolg evaluieren

Das Ziel der Kompetenzentwicklung mit Blended Learning und Social Learning besteht letztendlich darin, dass die Mitarbeiter und Führungskräfte eigenverantwortlich und kompetent auf die Umsetzung der strategischen Ziele des Unternehmens hinarbeiten. Deshalb ist als vierte und letzte Phase im Kreislauf ein Evaluierungskonzept erforderlich, welches den tatsächlichen Kompetenzzuwachs und die Performanz misst (siehe Abb. 5.5). Daraus können in einem dynamischen Prozess Maßnahmen zur Optimierung des Lernsystems abgeleitet werden.

- Strukturiertes Feedback der Führungskraft
- Evtl. Learning Analytics: Bewertung des Lernerfolgs
- Kompetenzmessungen
- Abweichungsanalyse
- Wirtschaftlichkeitsrechnung
- Optimierungsmaßnahmen

Abb. 5.5 Evaluierung des Lernerfolgs

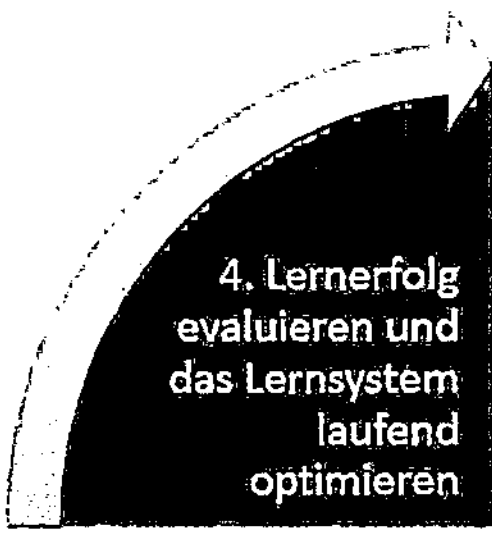

Ein permanentes Veränderungsmanagement wird benötigt. Es lohnt sich aber, diesen Weg zu gehen, weil damit der Bildungsbereich in der Zukunft eine strategische Schlüsselposition übernimmt. Hinzu kommt, dass dem Unternehmen die erforderlichen Kompetenzen zur richtigen Zeit im erforderlichen Umfang und am richtigen Ort zur Verfügung stehen. Damit steht nichts mehr im Wege, um den herrschenden Kompetenzwettbewerb zu gewinnen.

5.3   Kompetenzentwicklung der Lernbegleiter im „Doppeldecker"

Es wäre naiv zu glauben, dass wir die heutigen Trainer und zukünftigen Lernbegleiter durch flammende Vorträge für diese Veränderungsprozesse gewinnen können. Es kann auch nur Widerstand erzeugen, wenn dem Trainerteam fremde Lernkonzepte von außen „aufgedrückt" werden. Es hat sich aber bewährt, die Trainer von Anfang an in den Veränderungsprozess mit einzubinden, indem sie nach dem „*Doppeldecker-Prinzip*" zunächst innovative Lernsysteme als Lerner selbst erleben und parallel ihr eigenes Praxisprojekt bearbeiten. Für die Kompetenzentwicklung der Lernbegleiter bietet es sich an, in Absprache mit ihren Vorgesetzten oder im Team ein eigenes Seminarkonzept mit dem Ziel zu erarbeiten, ihr persönliches, innovatives Lernkonzept zu formulieren und anschließend umzusetzen. Dabei reflektieren sie regelmäßig ihre eigenen Erfahrungen als Lerner und bringen dieses Erfahrungswissen in ihre Konzeptentwicklung ein.

Die hohe Komplexität des Implementierungs- und Veränderungsprozesses stellt hohe Anforderungen an deren Gestaltung. Um mögliche Widerstände der zukünftigen Lernbegleiter so weit wie möglich auszuräumen bzw. Akzeptanz zu generieren, sehen wir vier erfolgsversprechende Eckpfeiler als relevant an.

Akzeptanz durch

- *eigene Erfahrungen der Lernbegleiter mit dem Lernsystem*: Die Zielgruppe erfährt das Lernsystem als Lernende, gleichzeitig reflektiert sie ihre Erfahrungen und wendet sie auf eigene Lernprojekte an („Doppeldecker-Prinzip"),
- *Kommunikation*, insbesondere auch im Netz, mit allen Beteiligten,
- *Lernrahmen*, der effizientes Lernen mit dem „Lernpartner Computer" optimal ermöglicht,
- *Optimierte Lernbegleitung* im Rahmen eines erweiterten „KOPING-Systems"[4].

Wir haben mit dem von Diethelm Wahl, vor allem für die Bildungsarbeit in Schulen und in Hochschulen, entwickelten „*Doppeldecker-Prinzip*", das wir im Hinblick auf die Erfordernisse der Kompetenzentwicklung in Unternehmen weiterentwickelt haben, sehr gute Erfahrungen gemacht.[5] Die Kompetenzmanager und Lernbegleiter erfahren Blended Learning und Kompetenzentwicklung und wechseln dabei regelmäßig ihren Blickwinkel. Einmal betrachten sie die Lernkonzeption aus Sicht des Lerners und dann aus Sicht der Planung des Lernrahmens. Dabei steht jeweils die Frage im Vordergrund, inwieweit die eigenen Lernerfahrungen in ein persönliches Projekt zur Entwicklung einer innovativen Lernkonzeption übertragen werden können.

Wir schlagen Unternehmen in der Regel für die Kompetenzentwicklung der Lernbegleiter einen Ablauf vor, der sich seit über zehn Jahren in vielen Projekten sehr bewährt hat (siehe Abb. 5.6).

Die einzelnen Phasen werden durch unterschiedliche Elemente geprägt. (siehe Tab. 5.1).

Die Erfahrungen in der Praxis, die wir seit etwa zwei Jahrzehnten in unterschiedlicher Ausprägung machen konnten, sind überzeugend. Die Teilnehmer entwickeln ihre persönlichen, bedarfsorientierten Lernkonzeptionen, die sie anschließend in ihrer Praxis umsetzen. Dadurch werden mögliche Widerstände weitgehend abgebaut. In der Kommunikation mit Lernpartnern und dem Lernbegleiter wird Sicherheit aufgebaut. Gleichzeitig wird durch den intensiven Austausch und die Diskussion der Ausarbeitungen die Kreativität deutlich erhöht, es entsteht ein gemeinsames Verständnis der Teilnehmer für die neue Art der Lernkonzeption. Die Teilnehmer nutzen dabei die Instrumente des Learning-Management-Systems, um ihre eigenen Lernprozesse und die Konzeptionsentwicklung zu gestalten. Es entsteht eine Community of Practice der Lernbegleiter.

---

[4] Koping System: Die Lerner sollen befähigt werden, ihre Praxis als Mitarbeiter oder Führungskraft zu bewältigen. In kleinen Gruppen sollen sie sich im gegenseitigen Austausch, also kommunikativ und in der Form „kleiner Netze", in ihrer Entwicklung unterstützen.

[5] Vgl. Wahl (2013, S. 64 ff.).

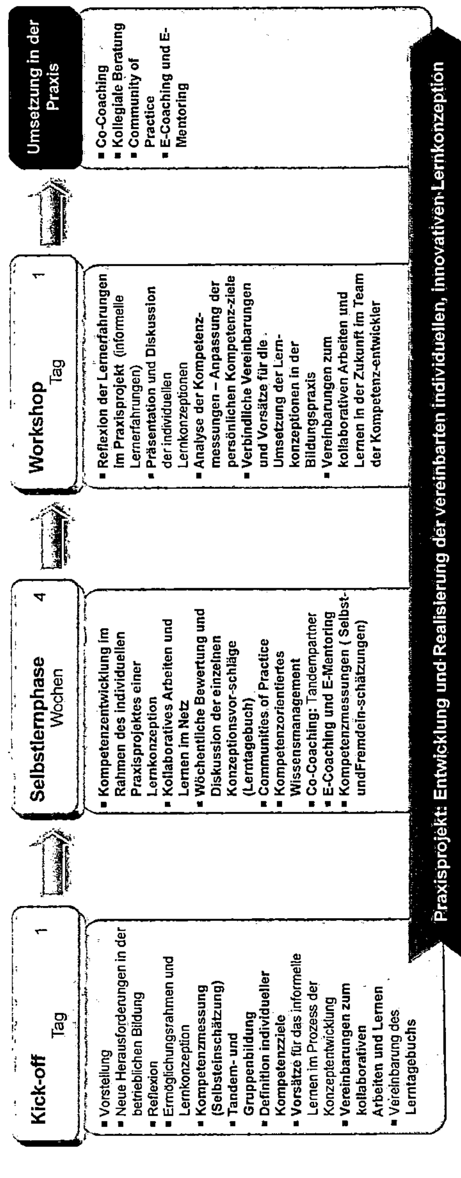

Abb. 5.6 Kompetenzentwicklung der Kompetenzentwickler im „Doppeldecker-Prinzip"

Tab. 5.1 Kompetenzentwicklung im „Doppeldecker-Prinzip"

Phasen	Ablauf
Vorbereitung	Es wird ein Projektteam gebildet, das sich aus Kompetenzmanagern und Trainern des Unternehmens zusammensetzt. Diese Gruppe entwickelt ein Anforderungsprofil für die Zielgruppe. Jeder Teilnehmer der Entwicklungsmaßnahme definiert in Abstimmung mit dem Team oder seiner Führungskraft ein Bildungsprojekt, das er zu einem innovativen Lernsystem entwickeln und umsetzen will
Kickoff	In einem (in der Regel) eintägigen Kickoff stellen die Projektteam-Mitglieder ihre eigene Lernkonzeption in diesem Projekt vor, bilden Lerntandems und Lerngruppen und treffen verbindliche Vereinbarungen für die kommenden vier bis sechs Wochen. Alle verpflichten sich, einmal wöchentlich in einem Projekttagebuch („Projektblog") über ihre Erfahrungen in der Konzeptentwicklung, die wesentlichen Zwischenergebnisse und ihre offenen Fragen zu berichten. Die Mitglieder der Lerngruppe verpflichten sich wiederum, die Projekttagebücher zu lesen, zu kommentieren und bei Bedarf Hilfestellung zu leisten. Damit bekommt jeder Teilnehmer von seinen Kollegen in der Lerngruppe und vom Lernbegleiter fundiertes Feedback, erhält aber auch tiefgehende Einblicke in die Konzepte der anderen. In der Diskussion entwickelt sich dabei *ein gemeinsames Verständnis des zukünftigen Lernsystems*
Selbstorganisierte Lernphase	Auf Basis eines Web Based Trainings zum Thema „Kompetenzentwicklung mit Blended Learning" erarbeitet sich jedes Projektteammitglied bei Bedarf „on-demand" die notwendige Expertise, um eine innovative Lernkonzeption zu entwickeln. Offene Fragen werden mit dem Lernpartner oder in der Learning Community mit dem Kurs und dem Lernbegleiter diskutiert. Parallel bearbeitet jeder, alleine oder im Team, sein persönliches Projekt und tauscht sich über das Lerntagebuch mit den Kollegen und evtl. dem Lernbegleiter aus. So gewinnen die Teilnehmer Sicherheit im Hinblick auf die Gestaltung des Lernsystems und finden erfahrungsgemäß zunehmend Spaß an dieser Veränderung. Um von Anfang an Sicherheit aufzubauen, tauschen die Trainer regelmäßig ihre Zwischenergebnisse über einen persönlichen Projektblog mit dem Team aus. Die Kollegen und ihr Lernbegleiter geben ihnen laufend Feedback. Gleichzeitig lesen sie die Projekttagebücher der anderen Teilnehmer, bewerten deren Ansätze, geben ihnen Rückmeldung und nutzen deren Ideen und Lösungen als Anregungen für ihr eigenes Lernkonzept. In diesem Prozess entwickelt sich schrittweise auch ein gemeinsames Verständnis des Teams für innovatives Lernen, insbesondere wenn der Austausch von Erfahrungswissen in der Umsetzungsphase im Rahmen einer „Community of Practice" fortgesetzt wird

Tab. 5.1 (Fortsetzung)

Phasen	Ablauf
Workshop	Die Teilnehmer präsentieren ihre Konzeptentwürfe im Kurs und z. B. der Leitung des Kompetenzmanagements. Die Vorschläge werden in der Diskussion weiter optimiert. Im zweiten Teil wird die anschließende Umsetzung der Lernkonzeptionen in der Praxis vereinbart. Im Regelfall beschließen die Teilnehmer, den Austausch von Konzeptionen und Erfahrungswissen in einer selbstorganisierten Community of Practice weiterzuführen. Die bisherigen Einzelkämpfer arbeiten und lernen zunehmend im Netz
Praxis	Die Teilnehmer setzen nunmehr eigenverantwortlich ihre Konzeptionen um und werden bei der Umsetzung ihrer Konzeption vom Lernbegleiter gecoacht

5.4   Handlungsempfehlungen

Kompetenzentwicklung im Unternehmen ist möglich, aber nur im Sinne einer „Ermöglichungsdidaktik", die den Mitarbeitern und Führungskräften ein Lernsystem bietet, in dem sie ihre Kompetenzen selbstorganisiert im Rahmen realer Herausforderungen in der Praxis entwickeln können. Notwendige Voraussetzung für eine strategieorientierte Kompetenzentwicklung ist die Akzeptanz bei den Mitarbeitern und Führungskräften als kompetenter Entwicklungspartner. Diese Vertrauensbasis kann allerdings nur in einem längerfristigen Prozess schrittweise aufgebaut werden.

Abschließend fassen wir deshalb unsere Handlungsempfehlungen für den Veränderungsprozess von der klassischen Personalentwicklung hin zu einem strategieorientierten Kompetenzmanagement zusammen.

1. Verleihen Sie der Kompetenzorientierung in Ihrem Unternehmen Bedeutung, indem Sie diese in der *Vision* und in der *Unternehmensstrategie* verankern und daraus konsequent alle betrieblichen Bildungsmaßnahmen ableiten.
2. Beobachten und analysieren Sie die Entwicklungen im Bereich der Arbeits- und Lerntechnologien im Hinblick auf die Konsequenzen für die Kompetenzentwicklung der Mitarbeiter.
3. Entwickeln Sie in einem intensiven Kommunikationsprozess mit Fach- und Führungskräften Ihres Unternehmens das Kompetenzmodell und die einzelnen Kompetenzprofile. Optimieren Sie Ihr Kompetenzmodell laufend, um eine bedarfsgerechte Identifikation und Analyse der Möglichkeiten zur Entwicklung der individuellen Kompetenzen aller Mitarbeiter stets zu gewährleisten.

4. Integrieren Sie die innovative Lernkonzeption in die Führungskonzeption Ihres Unternehmens. Ermöglichen Sie die Entwicklung der Führungskräfte zum Entwicklungspartner ihrer Mitarbeiter.

5. Gestalten Sie einen bedarfsgerechten *Entwicklungsrahmen*, der alle notwendigen Instrumente und Inhalte umfasst, die für einen selbstgesteuerten Wissensaufbau und die darauf basierende Qualifikation sowie für selbstorganisierte Kompetenzentwicklungsprozesse erforderlich sind.

6. Planen Sie die Einführung des neuen Lernarrangements als Veränderungsprozess, in den Sie alle betroffenen Mitarbeiter, Führungskräfte und Lernbegleiter integrieren.

7. Holen Sie sich laufend Rückmeldungen der Mitarbeiter, Führungskräfte und Lernbegleiter ein und optimieren Sie den Ermöglichungsrahmen permanent.

8. Ermöglichen Sie ein kompetenzorientiertes Wissensmanagement mit dem Ziel, Erfahrungswissen der Teilnehmer auszutauschen und weiterzuentwickeln.

9. Unterstützen Sie die Mitarbeiter und Führungskräfte durch Lernbegleitung und Initiierung bzw. Moderation von Netzwerken.

10. Gestalten und begleiten Sie die laufenden Veränderungsprozesse der Lerner, der Lerngruppen und der Organisation mit dem Ziel, eine Lernkultur des selbstorganisierten Lernens zu initiieren. Installieren Sie dafür ein permanentes Veränderungsmanagements.

Für diese Neupositionierung des Bildungsbereichs müssen viele liebgewonnene Rollenelemente über Bord geworfen werden.

Was Sie aus diesem Essential mitnehmen können

- Erkenntnisse, warum sich die Personalentwicklung in einem revolutionären Prozess verändern wird
- Einsicht in die veränderten Anforderungen an die betriebliche Bildung auf Basis des demografischen und technischen Wandels sowie der sich rasch ändernden Unternehmensumwelten
- Voraussetzungen, Prozesse und Ermöglichung der Kompetenzentwicklung im Rahmen der Konzeption des strategieorientierten Kompetenzmanagements und dessen Aufgaben
- Erfolgsrelevante Konzepte für die Entwicklung zum strategieorientierten Kompetenzentwickler und Lernbegleiter
- Praxiserprobte Empfehlungen für den Veränderungs- und Implementierungsprozess

© Springer Fachmedien Wiesbaden 2015
W. Sauter, C. Scholz, *Von der Personalentwicklung zur Lernbegleitung,*
essentials, DOI 10.1007/978-3-658-10798-7

Literatur

ASTD – American Society for Training & Development. (2013). Training and development competencies redefined to create competitive advantage. http://www.astd.org/Publications/Magazines/TD/TD-Archive/2013/01/Training-and-Development-Competencies-Redefined. Zugegriffen: 21. Jan. 2013.

Bauer, H. G., Brater, M., Büchele, U., Dahlem, H., Maurus, A., & Munz, C. (2004). *Lernen im Arbeitsalltag. Wie sich informelle Lernprozesse organisieren lassen.* Bielefeld: Bertelsmann.

Buhse, W., & Stamer, S. (Hrsg.). (2008). *Die Kunst loszulassen. Enterprise 2.0.* Berlin: Rhombos.

Chachelin, J. L. (2013). Personalarbeit in digitaler Welt – Studie. *Personalmagazin, 01*(13), 16–19.

Cross, J. (2010). Working smarter through workscaping. In J. Cross (Hrsg.), *Learning is business* (S. 42). Berkeley: Internet Time Lab. http://www.internettime.com/wp-content/uploads/2012/07/Learning-is-Business.pdf. Zugegriffen: 16. Mai 2013.

Deutsche Gesellschaft für Personalführung. (2013). DGFP Studie: Megatrends und HR Trends2013, Praxispapier 3/2013. http://www.dgfp.de/wissen/praxispapiere/dgfp-studie-megatrends-und-hr-trends-2013-4105. Zugegriffen: 12. Jan. 2015.

Erpenbeck, J., & von Rosenstiel, L. (2007). *Handbuch Kompetenzmessung* (2. Aufl.). Stuttgart: Schaeffer Poeschel.

Erpenbeck, J., & Roth, St. (2012). *Kompetenzen: Die neue Leitwährung für nachhaltigen Erfolg!* Köln: The Competence House.

Erpenbeck, J., & Sauter, W. (2007). *Kompetenzentwicklung im Netz. New Blended Learning mit Web 2.0.* Köln: Luchterhand.

Gries, R. (2008). *Die Weiterbildungslüge: Warum Seminare und Trainings Kapital vernichten und Karrieren knicken.* Frankfurt a. M.: Campus.

Grote, S., Kauffeld, S., & Frieling, E. (Hrsg.). (2012). *Kompetenzmanagement: Grundlagen und Praxisbeispiele* (2. Aufl.). Stuttgart: Schaeffer Poeschel.

Hart, J. (2013). The workplace learning revolution, free mini e-Book. http://de.slideshare.net/janehart/the-workplace-learning-revolution. Zugegriffen: 18. Mai 2013.

Heyse, V. (2010). Verfahren zur Kompetenzermittlung und Kompetenzentwicklung. In V. Heyse, J. Erpenbeck, & S. Ortmann (Hrsg.), *Grundstrukturen menschlicher Kompetenzen. Praxiserprobte Konzepte und Instrumente.* Münster: Waxmann.

© Springer Fachmedien Wiesbaden 2015

W. Sauter, C. Scholz, *Von der Personalentwicklung zur Lernbegleitung,* essentials, DOI 10.1007/978-3-658-10798-7

Kirkpatrick, D. L., & Kirkpatrick, J. D. (2006). *Evaluation trainings programs. The four levels* (3. Aufl.). San Francisco: Berrett-Koehler.

Kuhlmann, A., & Sauter, W. (2008). *Innovative Lernsysteme – Kompetenzentwicklung mit Blended Learning und Social Software.* Heidelberg: Springer.

McKinsey & Company. (2013). Evolution of the networked enterprise: McKinsey Global Survey results. http://www.mckinsey.com/insights/business_technology/evolution_of_ the_networked_enterprise_mckinsey_global_survey_results. Zugegriffen: 01. Juni 2013.

Meier, C., & Seufert, S. (2012). Scil *Whitepaper – Social Business Learning – Antriebskräfte – Potenziale – Umsetzung.* Universität St.Gallen.

North, K., Reinhardt, K., & Sieber-Suter, B. (2013). *Kompetenzmanagement in der Praxis. Mitarbeiterkompetenzen systematisch identifizieren, nutzen und entwickeln* (2. Aufl.). Wiesbaden: Springer.

Pabel, F. (2005). Lebendiges Wissensmanagement – Vernetztes Denken in einer sich ändernden Geschäftswelt. In S. A. Ernst, J. Warwas, & E. Kirsch-Auwärter (Hrsg.), *Wissenstransform. Wissensmanagement in gleichstellungsorientierten Netzwerken* (S. 13–16). Münster: LIT.

Sauter, W., & Sauter, S. (2013). *Workplace Learning. Integrierte Kompetenzentwicklung mit kooperativen und kollaborativen Lernsystemen.* Berlin: Springer.

Scholz, C. (2014). *Betriebliche Kompetenzentwicklung durch informelle Lernprozesse am Beispiel ausgewählter webbasierter Wissensmanagement-Tools.* Saarbrücken: Akademiker

Schüßler, I. (2007). Von der Erzeugungs- zur Ermöglichungsdidaktik. http://www.rpi-virtuell.net/workspace/3719FF1D-F109-402F-96DA-702285484082/dats/2007/schuessler. pdf. Zugegriffen: 17. Juni 2013.

Siebert, H. (2011). *Theorien für die Praxis* (3. Aufl.). Bielefeld: Bertelsmann.

Tapscott, D. (2010). Mit Enterprise 2.0 gewinnen. In W. Buhse, & S. Stamer (Hrsg.), *Die Kunst loszulassen. Enterprise 2.0* (3. Aufl.). Berlin: Rhombos.

Terry, R. (2011). Accountability needed for workplace training. http://www.ft.com/cms/s/2/ ac4f71e4-1461-11e1-8367-00144feabdc0.html#axzz2SV5xOvhd. Zugegriffen: 18. Mai 2013.

Wahl, D. (2013). *Lernumgebungen erfolgreich gestalten – Vom trägen Wissen zum kompetenten Handeln* (3. Aufl.). Bad Heilbrunn: Klinkhart.

Wissensfabrik. (2012). HRM Trendstudie – Die Folgen der Digitalisierung – Neue Arbeitswelten, Wissenskulturen und Führungsverständnisse, St. Gallen. http://www.wissensfabrik.ch/downloads/Erzeugnisse_Studien/hrm_studie_300dpi_DruckQ.pdf. Zugegriffen: 12. Dez. 2012.